Vinicius Rabello de Abreu Lima

Engº Equipamentos Sênior da Petrobras
Professor de Fabricação e Montagem de Tanques API 620
Universidade Petrobras
Ex-Professor de Desenho Técnico do SENAI – CETEC de Solda
Ex-Diretor da VMH Tecnologia da Informação

A MUDANÇA

1ª Edição

Vinicius Rabello de Abreu Lima

A MUDANÇA
Copyright © 2019 by Vinicius Rabello de Abreu Lima

Todos os direitos reservados.

FICHA CATALOGRÁFICA

Lima, Vinicius Rabello de Abreu
A MUDANÇA

ISBN:9781689195645
Imprint: Independently published

A Mudança

Esta obra eu dedico aos meus netos

Miguel Antonio

Rafael

Maria Teresa

Vinicius Rabello de Abreu Lima

Introdução

Este livro procura trazer ao leitor uma série de narrativas criadas pelo autor, para compartilhar as experiências vivenciadas no que se refere a Cadeia de Suprimentos ou Supply Chain, ao longo de sua carreira.

Neste livro, todas as estórias foram adaptadas para os dias de hoje, os nomes das empresas e de pessoas citadas são meras fantasias, não tendo vínculo com pessoas e casos reais.

Vinicius Rabello de Abreu Lima

A Mudança

Prefácio

As áreas de suprimentos de bens e serviços nas empresas, sejam elas grandes ou pequenas, são frequentemente desprezadas pelos departamentos operacionais e de produção. Seus técnicos enfrentam diariamente o desconforto de, sabedores de sua relevância para que os insumos corretos estejam à disposição da produção, verem as suas ações tratadas como acessórias, quase que irrelevantes, como se algum produto pudesse sair da fábrica sem que a matéria-prima e os insumos adequados estivessem à disposição no tempo, na especificação e na qualidade adequados.

O tema é árido, mas vital para a indústria de transformação. O Vinícius achou uma forma leve de tratar deste complexo universo, dos seus muitos conceitos e das suas nuances técnicas, administrativas e humanas, num texto romanceado que põe o leitor em contato com os fundamentos da Gestão de Suprimentos, baseando em exemplos e sem ser enfadonho.

Vinícius vai na essência do conhecimento, numa história permeada de conceitos relacionados ao suprimento de bens e serviços que "pipocam" ao longo do texto de abordagem atemporal. Conseguiu a façanha de transmitir conhecimento técnico e administrativo num livro que mais parece uma conversa entre amigos, talvez tenha se inspirado nos nerds da Indústria 4.0, que facilitam o entendimento das coisas através da "gamificação".

Em tempos de tantas mudanças e conteúdos massificados, A Mudança é uma leitura agradável e consistente, para quem quer enraizar conceitos, utilizáveis sempre, sem precisar ler um enfadonho compêndio sobre suprimento de bens e serviços.

Ronaldo Mascarenhas L Martins, MSc

Vinicius Rabello de Abreu Lima

A Mudança

Sumário

A busca pelo recomeço 10

A empresa 14

Desafio do novo emprego 20

Desenvolvimento de Fornecedor 23

O setor de Compras 31

Preparando para a mudança 35

O Planejamento e os custos de produção 49

A produção e as mudanças na Gestão de Pessoas 51

A cadeia de suprimentos e os aspectos da mudança 62

Virando a página 70

A segunda semana de mudanças 73

A integração e o aumento da produção 80

Sorte ou competência 85

O Legado 89

Anexo 1 – As cinco Forças de PORTER 91

Vinicius Rabello de Abreu Lima

A Mudança

A busca pelo recomeço

Domingo como de costume, reúno a família, mulher e os filhos, pego o carro e vamos à praia em Ipanema. O caminho é o de sempre, Avenida Paulo de Frontin, Túnel Rebouças, Lagoa e pronto, Ipanema. O problema é estacionar o carro, mas tive sorte e consegui uma vaga na Praça Nossa Senhora da Paz, lado da Rua Barão da Torre.

Na chegada, passo na casa de meus pais, já trazendo a alegria dos netos para vê-los, sempre é uma festa. O neto mais velho, como de costume, é o queridinho da vovó e a caçula a queridinha das tias, o vovô fica equidistante, tentando não demonstrar preferência por nenhum dos dois, mas fica difícil esconder a preferência pelo mais velho.

A nossa chegada traz um rebuliço na casa de meus pais, mexendo com a rotina de uma casa só de adultos.

Minha mãe tinha acabado de assar um bolo, o famoso bolo de banana, o cheiro era incrível, só de olhar dava água na boca. Nada melhor do que um café com bolo pela manhã. Meu pai acabara de acordar e se espreguiçava na cama e minhas irmãs ainda dormiam, pois, domingo às 10:00h da manhã é cedo para acordar.

Aos poucos a turma se reúne na copa para o cafezinho com bolo e colocar as conversas em dia. Estamos ao final de março, sol forte e a praia convidativa.

A praia é o lazer mais democrático e econômico que existe, basta uma roupa de banho, uma barraca, garrafão de suco de caju, biscoito e a diversão está garantida. As crianças se divertem na areia e na pequena piscina de plástico que trouxemos.

Aos poucos, os amigos começam a chegar e com eles o jogo de duplas de vôlei se inicia. Essa nossa turma é das antigas, nos conhecemos desde a infância e ainda mantemos a amizade, tendo o jogo de vôlei de praia como um ponto de referência.

O papo é incrível, vai do futebol, passando pela política e, terminando discutindo sobre o desempenho das duplas de vôlei de praia. Isso leva a tarde toda.

Tarde se finda, minha esposa havia levado as crianças para almoçarem na casa de meus pais a tempos e a turma já começa a debandar, pois, amanhã é segunda-feira e dia de trabalho.

Já estamos quase entrando em abril e estou desempregado faz três meses e está difícil conseguir uma vaga de engenheiro aqui no Rio de Janeiro.

Apesar de relativamente jovem, e possuir experiências nos setores de construção de embarcações de lazer, manutenção de máquinas de terraplenagem, caldeiraria pesada e garantia da qualidade, todos os dias saio cedo para procurar empregos pelas indústrias no Rio de Janeiro.

A Mudança

Em casa, controle de despesas é bem acirrado, mas é preciso entender o comportamento do mercado de trabalho. Nesse sentido, minha esposa me incentiva a continuar a estudar, fazer cursos de especialização e procurar acrescentar ao currículo mais qualificações, apesar do custo que estes cursos, mas, estudo não é despesa, é investimento.

Chegamos à noite em casa e vejo mensagem de voz na secretária eletrônica. Era um ex-colega de um emprego anterior, perguntando se estaria disposto a participar de uma entrevista de emprego no bairro de Campo Grande, cerca de 50 km de minha residência. Luz que se acende.

A noite de domingo para segunda-feira foi difícil, a ansiedade dominou o sono, e quando percebi, já era segunda-feira e conforme orientado, me dirigi para a entrevista de emprego pelo primeiro horário da manhã.

Peguei a minha Brasília/77, abasteci, conferi o endereço e fui em direção ao bairro de Campo Grande pela Avenida Brasil. A distância era grande, cerca de 50 km até a empresa, levei cerca de 1 hora até chegar.

Ao chegar, fui encaminhado para a entrevista com o Diretor-Presidente, um senhor norte-americano, que falava um português meio arrastado, que ao se apresentar, perguntou se eu me sentiria confortável em fazer a entrevista em inglês e assim foi a entrevista.

Foi mais de uma hora de entrevista, já nesse momento com a participação do Diretor Administrativo-Financeiro e a conversa se estendeu até a hora do almoço, culminando com a resposta positiva de que havia conseguido o emprego. Agora era levar a documentação ao setor de Recursos Humanos e assinar o contrato. O início era imediato.

Já era quase 3h da tarde quando peguei minha Brasília/77 para voltar para casa. Durante o percurso de volta, em pensamento, agradecia aos meus pais a educação que eles puderam me proporcionar, a minha esposa por incentivar-me a fazer cursos de especialização e a formação profissional que tive.

A Mudança

A empresa

No primeiro dia de trabalho é que me dei conta do desafio que havia assumido.

Eu era oriundo da indústria de transformação voltada para a caldeiraria pesada especializada na construção naval, na fabricação de equipamentos para refinarias e estruturas metálicas para a exploração de petróleo *Offshore,* e estava assumindo uma posição de Desenvolvimento de Fornecedor em uma indústria da produção em série, dois mundos distintos.

A primeira semana de trabalho fora intensa, reunião todas as manhãs com a Diretoria, eu era subordinado ao Diretor Administrativo-Financeiro, e com a participação gerente de Vendas e Aplicações, que trazia informações sobre a carteira de pedidos, concorrentes, clientes e aplicações novas.

Nessas reuniões, dois assuntos predominavam, o primeiro era relativo ao prazo de entrega, que quase sempre não era cumprido, gerando desgastes com os clientes, afirmava o gerente de Vendas e o segundo era a margem de contribuição dos produtos vendidos, que estava abaixo do esperado, em resumo, o lucro era menor do que o esperado, apontava o Diretor. Neste momento os questionamentos sobre administração dos preços das matérias primas era a principal causa, assim havia uma pressão muito grande para reduzir preços de matéria-prima.

Na parte da tarde agendava reuniões com os responsáveis pelos demais setores, pois, era preciso me inteirar do funcionamento da empresa.

A HYDRO SPECIAL era filial de uma empresa norte-americana, que havia se instalado no Brasil à pouco mais de três anos e a sua especialidade era a fabricação de bombas para a indústria de máquinas de terraplenagem e implementos agrícolas, sendo considerada uma das duas melhores fabricantes no mercado.

A empresa contava com duas diretorias, uma responsável pelas áreas administrativas e financeira e a outra responsável pelas áreas de produção, engenharia e manutenção, possuía cerca de 80 funcionários entre mão de obra direta e indireta, trabalhando em um único turno.

No setor de Vendas a equipe era bem enxuta, havia uma secretária, que também era vendedora, atendia os clientes por telefone e a equipe de Engenharia de Campo ou de Aplicações, que percorria os clientes e os potenciais clientes em busca de novas aplicações e pedidos.

A diversidade de produtos vendidos era muito grande e a quantidade não era um limitante, aceitavam quaisquer pedidos, mesmo de produtos fora do padrão da Engenharia, o que se enquadraria como um modelo *Taylor Made*.

Mas, mesmo com esses problemas, a HYDRO SPECIAL se situava em segundo lugar no mercado, só perdendo para GENERAL PUMPS, empresa norte-americana que detinha uma posição de destaque no mercado.

A área de produção ficava num galpão fechado, com pé direito com seis metros de altura, sem ponte rolante e possuía três

A Mudança

portões de acesso ao seu interior. O desenho da distribuição das máquinas era interessante, os setores do ferramental e manutenção ficavam no centro do galpão e as máquinas operatrizes da produção ao seu redor com um corredor de circulação entre elas.

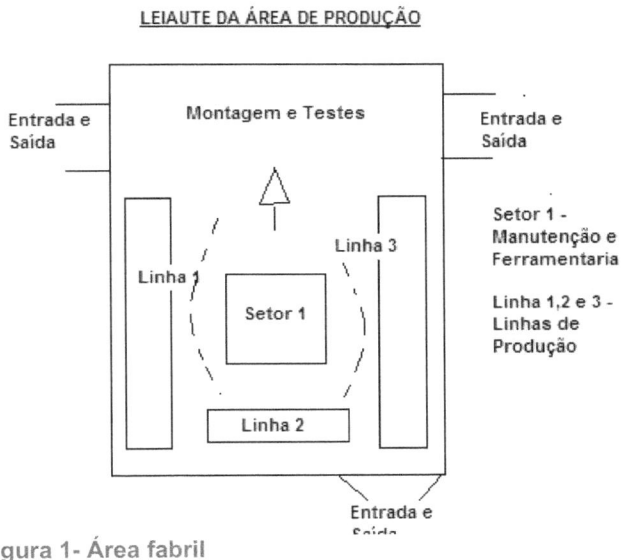

Figura 1- Área fabril

Os produtos de sua linha de fabricação eram compostos basicamente de peças fundidas, forjadas, vedações, rolamentos, elementos de fixação, que ao final eram montados e o conjunto testado em bancada, de onde seguiam para o almoxarifado para serem entregues aos clientes.

A linha de produção tinha por característica principal a usinagem de alta precisão, contava com algumas máquinas de comando numérico e outras de operação manual, as quais eram abastecidas com matéria prima vinda do almoxarifado através de empilhadeiras a diesel.

A produção era controlada ao final de cada operação de fabricação por intermédio de um Apontador de Produção, funcionário do planejamento. Tudo era inspecionado por calibres e instrumentos de metrologia, através dos inspetores do setor de Controle da Qualidade.

A linha de montagem se situava a frente das bancadas de testes, e percebia-se uma quantidade enorme de peças acondicionadas em paletes de madeira e contentores aguardando formar um conjunto para ser montado, dando uma impressão de desorganização.

A área de testes era composta de três bancadas, sendo duas bancadas para bombas de alta pressão e uma bancada para bombas de baixa pressão.

O projeto das bombas era fornecido pela matriz nos EUA, cabendo à Engenharia o papel de manter o acervo técnico atualizado, traduzir desenhos e especificações e fazer adaptações para atender a aplicações novas trazidas pelo setor de Vendas.

O desenvolvimento de novos projetos, quando acontecia, era originado no setor de Vendas e basicamente, eram pequenas alterações dos projetos originais, gerando novos modelos exclusivos do mercado brasileiro.

O chefe do Planejamento, Sr. Murtinho, um senhor de uns 45 anos, economista por formação, que chefiava uma equipe de três pessoas, me recebeu com certa desconfiança, respondendo a tudo de forma monossilábica, sem muitas explicações sobre como era o funcionamento do Planejamento ou PCP – Planejamento e Controle da Produção, como era também conhecido.

A Mudança

As atividades exercidas pelo PCP, como a ordens de serviço de fabricação, ordens de serviço de montagem e o planejamento para compras eram executados manualmente, tudo dependia da análise do Sr. Murtinho.

Ele se baseava nos pedidos de Vendas que recebia, gerando uma listagem de componentes a comprar e produzir, nada de muito especial.

O PCP emitia as ordens de serviço para abastecer a produção requisitando matéria prima ao almoxarifado, fazia o controle do andamento das ordens de serviço e emitia as ordens de serviço de montagem.

O setor de Compras era comandado por uma senhora baixinha, de cabelo pintado de castanho claro, sempre muito bem vestida, que deveria ter uns 40 anos, S^{ra}. Marta. Ela recebia a listagem do que seria necessário comprar através do Sr. Murtinho, fazia uma pesquisa em um caderno que continha as informações dos principais fornecedores. Assim, selecionava os fornecedores e emitia os pedidos de compras, fazendo com que este setor se assemelhasse muito com uma rotina de secretaria.

A primeira questão foi em que sala eu iria ser alocado, uma vez que o setor estava sendo criado e não havia sido previsto um local específico. A solução dada foi arrumar um espaço no setor de Compras, visto que, a função de Desenvolvimento de Fornecedor era nova e tinha afinidades com o setor, acabei tendo a minha mesa de trabalho instalada por lá, perto da mesa da secretária, S^{ra}. Bete.

A primeira semana já havia se passado, as entrevistas que fizera ao longo da semana, me ajudaram a ter uma visão geral do funcionamento da empresa, do perfil das pessoas, mas era preciso apresentar um plano de trabalho, ou seja, desenhar as atividades do novo setor e colocá-las em prática, trazendo os resultados esperados.

A Mudança

Desafio do novo emprego

A minha experiência na área de *Supply Chain* era baseada nas atividades relacionadas à inspeção e qualificação de fornecedores, adquiridas em função da minha atividade como Chefe de Controle de Qualidade de Caldeiraria Pesada no emprego anterior.

A expectativa da empresa era grande, a atividade de **Desenvolvimento de Fornecedor** era novidade na empresa e ligada diretamente ao diretor Administrativo-Financeiro, isso aumentava a minha responsabilidade. As pessoas responsáveis pelos setores com quem conversei, também esperavam que este novo setor pudesse levar a empresa a melhores resultados.

O desafio estava lançado, o próximo passo seria definir o modelo de atuação, os entregáveis e a forma pela qual seriam mensurados os resultados deste setor recém-criado, seguindo a orientação do Diretor Administrativo, que me recomendara estudar e comparar os custos da matéria prima versus preço de venda.

A orientação fora muito importante, pois, ajudou na definição do que fazer primeiro. Deste modo, a primeira ação foi analisar os custos de aquisição de matéria prima e compará-los ao preço médio de vendas, tomando como referência o produto mais vendido pela empresa, a bomba 13PB13.

Primeiro desafio a ser vencido foi elaborar o custo total de aquisição de matéria prima, ou *Total Cost of Ownership* (TCO), considerando não só o preço que se pagava pela mercadoria, mas outras variáveis, tais como, frete, tempo gasto no gerenciamento do pedido de compras colocado, custo com manuseio e conservação.

Neste primeiro trabalho, foi considerado, além dos valores pagos e seus impostos, os custos relativos à gestão de pedidos, ou seja, custos relativos à sua emissão, ao *follow-up* e o transporte, determinando em primeira aproximação, a relação entre o custo total de aquisição de matéria prima e preço médio de venda.

Deste levantamento foi possível extrair a contribuição percentual de cada item no custo total de aquisição de matéria prima e a listagem de empresas habilitadas para fornecimento de cada item da Lista de Material.

O resultado trouxera um valor de $ 455,00 dólares para custo de aquisição de matéria-prima, sem computar os custos relativos à gestão de pedidos, sendo a distribuição percentual assim calculada: peças em ferro fundido representavam cerca de 40%; peças em bronze cerca de 13%; forjados 17%; rolamentos 10% e os 20% restantes estavam distribuídos entre vedações e elementos de fixação.

Agora poderíamos comparar o custo total de aquisição de matéria prima com o preço médio de vendas, que era de $ 1,200.00 dólares, ou seja, a matéria-prima representava 37,91% do preço médio de venda.

Índice muito além do esperado, e conforme estudos da área Financeira, empurrava o *Break-Even Point* para 1400 unidades comercializadas.

A Mudança

Esta informação serviu como caso a ser estudado e a partir da qual, o setor de Desenvolvimento de Fornecedor iniciaria sua proposição de desenvolvimento.

Desenvolvimento de Fornecedor

Eu estava baseado no setor de Compras, tinha uma mesa pequena, que ficava à direita da entrada da sala e um telefone de ramal. O setor ficava à direita da recepção, quase ao final do corredor, era a penúltima sala antes da saída para o pátio interno.

A Diretoria a qual estava ligado, havia solicitado que apresentasse nas primeiras semanas, uma proposta das atribuições deste novo setor, incluindo uma análise comparativa entre o preço de venda e o custo das matérias primas e proposições de novas tecnologias que pudessem ser inseridas no processo.

As reuniões que tivera com os demais setores, permitiram coletar informações que iriam contribuir para a minha proposição, cujo objetivo, era ter uma base de fornecedores cuja técnica e inovação tecnológica fossem capazes de agregar valor aos nossos produtos.

Outro ponto importante destacado pela Diretoria era a Conformidade, cujo embasamento era a legislação contra atos de corrupção. Assim, os fornecedores, tanto novos quanto os usuais, deveriam estar alinhados com a **Ética** e a política de *Compliance* da empresa, promovendo a **Sustentabilidade Ambiental**.

A Mudança

Era esperado que os produtos comercializados por estes fornecedores, proporcionassem à HYDRO SPECIAL a obtenção do menor TCO (*Total Cost of Ownership*) e atendendo aos requisitos técnicos especificados.

Assim definido o objetivo, faltava agora a elaboração das atribuições e a inserção do setor na Matriz de Responsabilidade da HYDRO SPECIAL.

De forma geral, o setor teria como princípio atuar de forma proativa na pesquisa de fornecedores, que fossem capazes em atender aos objetivos da empresa, manter-se atualizado em relação ao Estado da Arte, ou seja, estar a atento e atualizado em toda e qualquer atividade que trouxesse uma redução de custos.

Assim, uma listagem com a proposição de atribuições para a discussão e aprovação da Diretoria fora apresentada:

- Atuar como um Gestor de Categoria;
- Mapear a evolução do mercado fornecedor, a evolução dos preços que possam influenciar os custos;
- Desenvolver alavancas tecnológicas, buscando o Estado-da-Arte nos assuntos relativos a novos materiais e processos que possam ser aplicados e beneficiar os produtos da HYDRO SPECIAL;
- Avaliar as tendências tecnológicas e de mercado que possam viabilizar os produtos da HYDRO SPECIAL;
- Mapear a relevância da HYDRO SPECIAL em relação ao mercado supridor;
- Disponibilizar fornecedores que atendam aos objetivos da empresa;

Uma vez definida as atribuições, o setor de Desenvolvimento de Fornecedor, escolhera o carro-chefe de Vendas, a bomba 13PB13 em função da mesma representar mais de 40% do volume vendido.

Uma das primeiras ações fora na **Gestão de Relacionamento com Fornecedores,** fossem eles antigos ou novos, onde através de ações de incentivo e na mudança no relacionamento, tanto no aspecto comercial quanto no técnico, fazendo com que estes fornecedores pudessem conhecer os nossos produtos e onde seus produtos eram aplicados, cujo objetivo seria receber sugestões de melhorias pudessem ser implementadas.

A busca por novos fornecedores trazia no seu bojo o aumento da competitividade, o avanço tecnológico pela introdução de novos materiais e processos, sempre tendo como objetivo a redução de custos.

Esta visão permitia definir de que forma abordaríamos o mercado, se em contratos de curto ou longo prazo, se faríamos uma parceria com o fornecedor para seu desenvolvimento ou faríamos uma parceria estratégica, conforme apontado no gráfico da figura 2 abaixo.

A Mudança

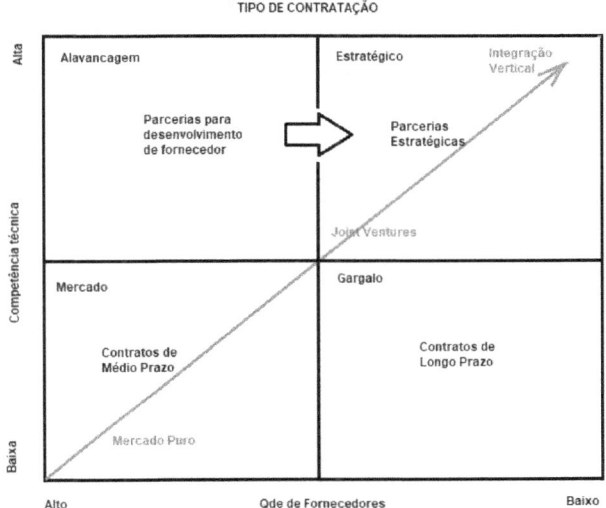

Figura 2- Gestão de Relacionamento de Fornecedores

No entanto, era necessário que eu conhecesse o grau de competência técnica do mercado para atender as especificações dos principais componentes de nossos produtos, as peças fundidas, forjadas e os rolamentos, antes de propor uma estratégia de contratação ao setor de Compras.

Assim, solicitara aos setores da Engenharia, responsável por estabelecer as especificações técnicas e o Controle de Qualidade, que juntos, haviam estabelecidos os critérios de auditoria do programa de avaliação de fornecedores, os critérios adotados nas avaliações.

Os critérios adotados por eles eram os básicos da indústria, quais sejam, possuir certificação do Sistema de Gestão da Qualidade e capacidade fabril para atender às especificações, emitidas por empresas acreditadas pelo INMETRO – Instituto Nacional de Metrologia.

O Controle de Qualidade, adotara a norma norte-americana do American Petroleum Institute, a norma API Q1, como referência para a avaliação do Sistema de Gestão da Qualidade.

O Silvestre, chefe do Controle de Qualidade, me repassara os resultados das auditorias de Gestão da Qualidade realizadas por ocasião da contratação dos fornecedores atuais e de algumas empresas que se candidataram à época e não foram aprovadas. De posse desta informação, o setor de Desenvolvimento de Fornecedor passara a conhecer os critérios adotados e o grau de competência técnica dos fornecedores qualificados pela HYDRO SPECIAL, era uma fração muito pequena do mercado.

O mapa de fornecedores apresentado pelo setor de Compras, continha duas fundições de ferro fundido nodular GG-25, uma fundição de bronze, uma forjaria, um fornecedor de rolamentos e uma empresa de tratamento térmico, todas aptas para fornecer conforme o especificado.

As informações coletadas dos relatórios de auditoria me ajudariam a propor uma estratégia de contratação ao setor de compras, que apontava para poucos fornecedores capazes em atender a exigência técnica determinada pela Engenharia e, mais uma vez, através do gráfico da figura 2, foi possível determinar que os fundidos, forjados e rolamentos se enquadravam no quadrante das parcerias estratégicas.

O passo seguinte fora determinar que componente ou componentes de nossos produtos seriam economicamente relevantes. Era preciso conhecer a composição do valor do estoque e como era distribuído.

Assim, fora sugerido a realização de um levantamento dos itens em estoque, seus preços, seus fornecedores, com a

A Mudança

participação do PCP, Compras, Produção, a coordenação deste levantamento ficara a cargo da área de custos industriais

A HYDRO SPECIAL possuía mais de 3500 itens registrados no estoque, e não sabia qual a contribuição de cada item na geração do maior dispêndio. Assim o agrupamento por matéria prima, quantidade e valor se fazia necessária.

O levantamento consistiu em agrupar os itens que representassem grandes dispêndios e pequenas quantidades, ou seja, os que se enquadrassem no diagrama de Pareto, cuja computação dos números relativos aos valores dispendidos versus volumes comprados, gerara o gráfico da figura 3, representativo do modelo 13PB13, o carro-chefe de vendas.

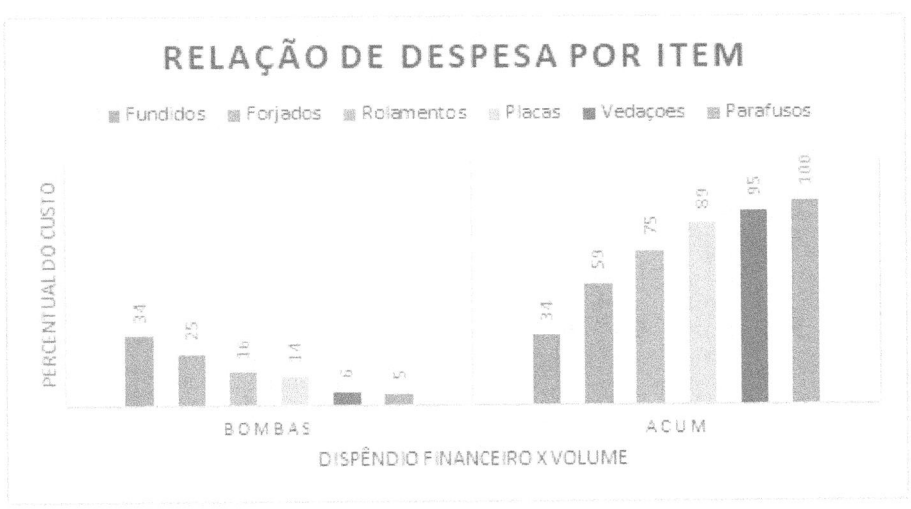

Figura 3- Pareto dos componentes de uma bomba 13PB13

O mapeamento da contribuição do custo de aquisição de matéria prima para a bomba 13PB13, o carro chefe de vendas da empresa, referência para o trabalho de Desenvolvimento de Fornecedor, identificara em que itens os esforços de redução de custos deveriam ser concentrados, ou seja, nas peças em ferro fundido, a princípio.

O processamento dos dados coletados nos diversos setores, davam voz à percepção da Diretoria em relação aos principais custos ligados à matéria-prima, ou seja, estávamos comprando caro ou de forma não adequada.

A leitura do diagrama de Pareto na figura 3, trouxera a informação de que apenas três itens correspondiam a 75% da despesa, a saber, fundidos com 34%, forjados com 25% e rolamentos com 16%.

Desta forma, através do diagrama de Pareto da 13PB13, foi proposta a classificação de fornecedores conforme a tabela abaixo:

Classe de Fornecedor	Matéria Prima	Percentual
A	Fundidos, Forjados e Rolamentos	até 75% do custo
B	Placas e vedações	até 15% do custo
C	Parafusos, porcas e demais itens	até 10% do custo

Esta informação de classificação de fornecedor precisava ser inserida no cadastro de fornecedores do setor de Compras.

Este retrato contendo a indicação de estabelecer Parcerias Estratégicas para fundidos, forjados e rolamentos e a Classificação de Fornecedores, fora levado para análise, discussão e definição de um plano de ações.

A Mudança

As proposições do Desenvolvimento de Fornecedor aos setores de Compras, Custos e Diretoria, ratificava a sua atuação como Gestor de Categorias para itens Estratégicos.

O setor de Compras

O setor de Compras possuía uma estrutura pequena, executando atividades de forma manual e com pouca tecnologia embarcada.

Assim, por estar fisicamente no setor, podia observar a forma pela qual o cadastro de fornecedor e a relação de fornecedores por itens a serem adquiridos era tratado.

Na realidade, as informações dos fornecedores eram armazenadas numa ficha datilografada contendo a razão social, telefone, fac-símile, nome do contato e as demais informações de cadastro. Não havia uma menção sequer à classificação do fornecedor e tão pouco a índices de performance no atendimento a prazos, no atendimento ao padrão de qualidade contratado, ou ao cumprimento das condições contratuais.

A Gestão do Relacionamento de Fornecedores não era praticada de forma consciente, o que acontecia eram negociações, que focavam muito na condição comercial, sem olhar o processo como um todo.

Em muitas contratações, o fornecedor determinava a forma pela qual ele comercializaria seu produto, em função da exclusividade do item fornecido, isto acontecia com os rolamentos e com óleo de corte utilizado na usinagem, por exemplo.

A Mudança

O fornecedor não tinha a noção de onde seu produto era aplicado e nem como o seu produto era transformado, na usinagem por exemplo.

O setor era responsável por adquirir desde material de escritório à matéria prima para a produção, além de adquirir ferramentas, itens de manutenção de máquinas operatrizes, computadores e até itens de investimento.

O Planejamento e a Manutenção eram os grandes demandantes do setor de Compras. O primeiro para atender a carteira de Vendas e o segundo para manter as máquinas da produção em funcionamento, atender às demandas destes setores era prioridade.

As demandas chegavam ao setor de forma não protocolar, quase que informal. O setor demandante encaminhava uma Comunicação Interna informando a sua demanda, com quantitativo e prazos e o resto ficava por conta do setor.

A demanda era processada de forma célere, com objetivo de não atrasar o processo e com isto o recebimento do material demandado.

A filosofia de compras era material solicitado, material suprido.

O setor se orgulhava por não ter atraso na colocação dos Pedidos de Compras, todos os pedidos eram colocados no menor prazo possível.

A Bete ou a Marta dividiam entre si o atendimento às solicitações recebidas para a compra de itens. As informações sobre que empresa ou empresas poderiam atender ao solicitado, geralmente, eram obtidas da experiência delas sobre os assuntos, ou através dos catálogos deixados pelos representantes comerciais por ocasião da visita das quarta-feira. Não havia um processo de seleção de fornecedores

A Marta e a Bete ficavam grande parte do dia penduradas ao telefone coletando informações de preços, os quais eram anotados em uma folha de caderno, para poder gerar os Pedidos de Compras.

A rotina da liberação de pedidos era enfadonha, primeiro os pedidos eram datilografados pela Bete, uma senhora de uns 35 anos, de cabelos pretos, que chegava quase todo os dias atrasada e que fazia o papel de secretária e datilógrafa.

A Bete datilografava as Ordens de Compra, preparava o expediente para a Marta despachar com o Diretor Financeiro relativo as compras realizadas no dia anterior.

Não se discutia e nem se pensava em otimizar a atividade, simplesmente havia virado rotina.

E não terminava por aí, ao final da tarde era o horário de enviar as confirmações das Ordens de Compras ou por Teletipo, fac-símile ou pelo correio. Assim era a rotina do setor.

Os valores envolvidos nas aquisições de matéria prima em especial e na manutenção eram significativos e representavam cerca de $ 500 mil dólares por mês, um volume expressivo, tendo em vista o faturamento da empresa. Tudo isso era realizado numa estrutura de Compras muito pequena.

Às quartas-feiras era o dia de receber visitas de fornecedores. Eles vinham de São Paulo, Minas Gerais, do interior do Estado do Rio de Janeiro, além claro do Grande Rio, ficavam aguardando na recepção a hora de serem recebidos pela Marta, em ordem de chegada.

A Mudança

Entretanto, existiam dois fornecedores que não se enquadravam nesta regra, um era o Sr. Leonard da fundição de ferro fundido nodular, um descendente de alemães, nascido em Santa Catarina e dono da Fundição Pouring Good, o outro fornecedor era um italiano bem mal-educado, Sr. Giulliano, dono da empresa de forjados.

Eles forneciam os principais insumos para a HYDRO SPECIAL.

A razão era bem óbvia, as faltas de quaisquer de um destes dois insumos trariam impactos negativos na empresa, entretanto, de uma forma geral o relacionamento com os fornecedores era cordial e amistoso.

A área de transporte ou logística também ficava sob o comando do setor. Os contratos com as transportadoras e com prestadores de serviços de transporte estavam sob a responsabilidade direta da chefia do setor.

Os prestadores de serviços tinham duas grandes responsabilidades, a primeira era levar a produção de engrenagens para beneficiamento e trazer as que estivessem prontas, pois, sem estas engrenagens a linha de montagem parava e a segunda responsabilidade era fazer entregas de produtos prontos nas transportadoras, a fim de encaminhar aos nossos clientes.

A atividade em Compras era muito intensa e quase não sobrava tempo para analisar o mercado de fornecedores, era preciso mudar.

Preparando para a mudança

Eu continuava baseado no setor de Compras, tinha uma mesa pequena, um telefone de ramal, que não fazia ligações diretas, era preciso solicitar à recepcionista que fizesse a chamada para mim.

As especificações técnicas, desenhos e revistas especializadas na divulgação de fornecedores e soluções de fornecimento para a empresa, faziam parte do meu dia-a-dia.

Era junho, manhã de quarta-feira, eu sempre chegava antes das 07:30h, estacionei minha Brasília bege no lugar de sempre, a quarta vaga à direita a contar da porta da recepção e me dirigi à entrada, quando percebi que a diretoria já havia chegado, o Monza branco estava estacionado na vaga da diretoria, havia alguma coisa acontecendo.

A alta direção estava focada em alcançar os resultados financeiros e de produção que a HYDRO SPECIAL havia sido projetada e não estava medindo esforços para mudanças na organização, seja pela contratação de novos empregados para ocupar cargos de chefia, ou pela criação de uma nova estrutura que levasse a empresa a atingir seus objetivos.

Em resumo, para atender as expectativas era necessário mudar.

A Mudança

O processo de mudança que havia iniciado em abril se acelerava, a Marta, chefe do setor de Compras, pediu para ser desligada da empresa, pois, o seu marido, um oficial da Aeronáutica, havia sido transferido para a Base da Aeronáutica em Barbacena em Minas Gerais.

A Diretoria havia sido pega de surpresa, nada indicava a saída da Marta. Na tarde do mesmo dia fui chamado a sala da Diretoria e convidado a assumir o setor de Compras também.

A responsabilidade aumentara e a oportunidade era única, o processo de mudanças era irreversível e era preciso contratar alguém para dar continuidade aos serviços de Desenvolvimento de Fornecedor.

A oportunidade de mudar e apresentar uma nova forma de trabalho, me foi colocada como mais um desafio, pois, além de desenvolver fornecedor, teria a responsabilidade de suprir às necessidades da empresa com bens e serviços.

Foi feita uma proposição de trabalho e atuação do setor de Compras, que passava pela alteração das rotinas de trabalho e com uma nova estrutura.

A proposta à alta direção trazia para o setor algumas novas atribuições e o emprego de novas tecnologias. Assim, passamos a ter um setor especializado em índices macroeconômicos e estatísticas sobre a evolução dos custos das matérias primas classe A e o Planejamento das Compras, tudo isto suportado por um sistema desenvolvido internamente.

O Planejamento de Compras tinha duas funções principais, a primeira era o mapeamento do mercado fornecedor para atender a demanda e a segunda função era propor e desenvolver estratégias de contratação a serem aplicadas nos insumos considerados críticos ou estratégicos, usando como alavanca as ferramentas da Gestão de Relacionamento com Fornecedores. Desta forma, fora possível desenvolver estratégias de contratação para os principais insumos através de contratos de longa duração ou estabelecendo parcerias estratégicas.

O novo setor de Compras passara de três funcionários para cinco funcionários contando com o gerente e a estrutura final ficara definida conforme o organograma da figura 4.

A mudança tinha que continuar.

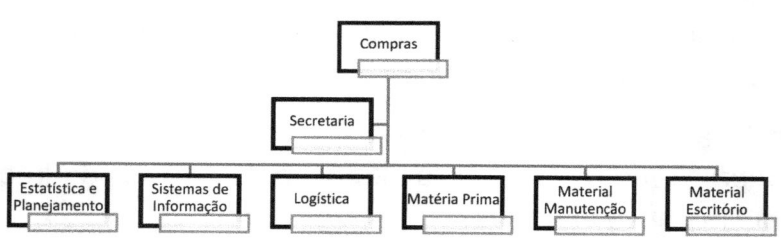

Figura 4- Novo organograma de Compras

A primeira alteração no dia-a-dia, fora a inclusão da rotina de interação com os demais setores, era preciso apresentar e divulgar as novas ideias, os novos procedimentos e demonstrar que poderíamos agregar valor ao setor demandante.

A Mudança

O objetivo era medir a qualidade do serviço prestado, dar valor ao que era feito, divulgar os resultados obtidos, criando um ambiente de melhoria contínua.

E como consequência, duas ações foram logo implementadas, sendo a primeira a formalização da solicitação para aquisição de qualquer bem ou serviço, fosse ele para a produção, manutenção ou para qualquer outro setor e a segunda o estabelecimento das condições de fornecimento de bens e serviços para a HYDRO SPECIAL, atreladas ao Pedido de Compras, que era encaminhado ao fornecedor.

O novo modelo de Requisição de Compras, era o documento a ser emitido pelo demandante, que deveria conter as informações da demanda e ser aprovada pela gerência do emissor da requisição, passando a ser o documento oficial de solicitação ao setor de Compras.

A estrutura do setor foi atualizada, foi criada uma área de Estatística e Planejamento, que acompanhava as evoluções de preços dos principais insumos, ou seja, fundidos e forjados no mercado interno, a evolução do dólar perante a moeda brasileira e o comportamento destes insumos em relação ao preço de aquisição de toda matéria prima aplicada nos principais produtos vendidos. Desta forma, teríamos informações do comportamento destas *comodities* frente aos principais índices macroeconômicos.

Esta função ficou a cargo do Lemos, um economista recém-formado, que como todo recém-formado trazia consigo os ares de renovação da academia e, que em pouco tempo passaria a dominar o assunto por completo.

Estávamos gerando índices macroeconômicos para a empresa, que nos auxiliariam na medição dos nossos resultados.

O segundo ponto foi a adoção de tecnologia no processo de Compras.

A implantação de um sistema de Compras desenvolvido internamente, ficou a cargo do Antonio Carlos um jovem programador de 18 anos de idade, que me fora recomendado por uma empresa de soluções em sistemas de informação.

Entretanto, o nosso orçamento era muito pequeno, possibilitando somente a aquisição de um computador SINCLAIR TRS-80 com 48kbytes de memória interna, duas unidades leitoras de disco dupla face de 180kbytes e uma impressora matricial de 80 colunas, este era o nosso Centro de Processamento de Dados.

O rapaz era muito bom, possuía excelente conhecimento da linguagem COBOL, C+ e CLIPPER e com extrema agilidade e habilidade desenvolvera o sistema em cerca de um mês.

Bete estava radiante, pois, a partir de agora, não mais precisaria datilografar as ordens de compras. Era chegado o momento de cadastrar os fornecedores no recém-criado programa.

O setor de Sistemas de Informação que começara com o Antonio Carlos, estava agora sob as ordens do Nakayma e mais dois jovens programadores que foram contratados. O fato curioso é que todos haviam se formado na mesma escola e moravam nos subúrbios do Rio de Janeiro.

Eu ia trabalhar de carro todos os dias e não me agradava muito em trafegar pela Avenida Brasil, assim, fazia um trajeto um pouco mais longo, porém, mais agradável, pois passava pelos bairros do subúrbio do Rio de Janeiro.

A Mudança

Assim, Nakayama e a sua turma ao descobrirem que eu transitava pelo subúrbio e fazia um trajeto que passava perto de onde moravam, vierem a mim solicitar carona. Isto fazia com que a viagem ficar mais descontraída.

O sistema de Compras além de processar as Requisições de Compras, emitir as Ordens de Compras, fazia todo o gerenciamento das entregas, integrando as informações de qualidade e prazo no sistema, além de gerar informações sobre os preços praticados e suas evoluções macroeconômicas.

O setor estava completo. A Bete fazia a secretaria e compras de materiais de manutenção e escritório, eu as compras relativas às matérias primas, o Lemos na Estatística e Planejamento, o Nakayama nos Sistemas de Informação e o Sidronilho na Logística.

E para o Desenvolvimento de Fornecedor, o Eng. Wiliam.

A próxima mudança estava na operação do setor. Era imprescindível alterar a forma pela qual selecionávamos fornecedores, era preciso fazer que os nossos fornecedores se tornassem parte da solução e não do problema. Era preciso repensar a forma de selecionar o fornecedor, transformando-os em parceiros, assim eles fariam parte da solução e atender às nossas expectativas.

Fornecedores são importantes para qualquer empresa, sejam eles fornecedores de insumos diretos ou indiretos.

O que os distingue é em que parte do processo de uma empresa ele participa. Assim, os fornecedores foram categorizados em classes A relativos a matéria prima, classe B para Serviços de Beneficiamento de Materiais, classe C relativos a fornecedores de Ferramentas e classe D para as empresas de Transporte; Refeição; Mão de Obra; Terceirização de Mão de Obra (limpeza, refeitório, segurança, etc), e Páginas Amarelas.

Em relação aos fornecedores de matéria prima, a HYDRO SPECIAL havia adotado dois critérios. O primeiro consistia na avaliação técnica feita pelo Controle de Qualidade e a Engenharia para os fundidos e forjados e o segundo critério de seleção o preço mais baixo e a tradição de fornecimento para outras empresas do ramo.

Ambos critérios eram ruins para a empresa, pois, não consideravam a Gestão de Relacionamento com Fornecedores. O primeiro critério não tinha a percepção de itens críticos ou estratégicos e, em vista disto, não se desenvolvera uma política de aproximação ou EARLIER ENGAGEMENT com o fornecedor e com isto desenvolver parcerias estratégicas.

O segundo critério por só visar o preço mais baixo, não conseguia explorar todas as variáveis para atingir o menor Custo Total de Propriedade ou do menor TOTAL COST OWNSERSHIP.

Contudo, era preciso entender que esta metodologia estava ultrapassada e não agregava valor, mesmo que nada desabonasse o comportamento empresarial das empresas e a HYDRO SPECIAL se sentisse confortável.

Assim, dentro da proposição da mudança, fora desenvolvido com os fornecedores de peças em ferro fundido uma parceria estratégica, com o objetivo de minimizar os custos na produção de fundidos, através de uma visão de longo prazo na aquisição por parte da HYDRO SPECIAL e o compromisso de adoção de novas técnicas por parte da fundição.

A Mudança

A parceria estratégica não era aplicada a todos os itens, fossem eles fundidos ou forjado, assim, a mudança, também passava pela análise da comparação entre os preços praticados para os fundidos e forjados e o custo total da matéria prima aplicada em um produto.

O Eng. Silvestre do Controle de Qualidade nos auxiliara muito, pois, através do conteúdo dos relatórios de inspeção de recebimento e do acompanhamento da produção, pudéramos determinar o nível de qualidade de cada empresa fornecedora de fundidos de acordo com os critérios do Controle de Qualidade.

O Lemos da Estatística apresentara um estudo sobre as peças em ferro fundido, que indicara uma representatividade de 34% sobre os custos de toda matéria prima. Este índice percentual, implicava em uma ação motivadora para a busca de soluções de fornecimento.

Desta forma, mais uma vez, a estratégia de contratação passava forçosamente, pelo desenvolvimento de novos fornecedores, ou no desenvolvimento de novas técnicas e processos relacionados a fundição visando a redução de custos.

Entretanto, seria necessário rever a ANÁLISE DE MERCADO feita no passado, atualizando estes valores tendo em consideração a complexidade do Mercado Fornecedor atual e a relevância da compra a ser feita.

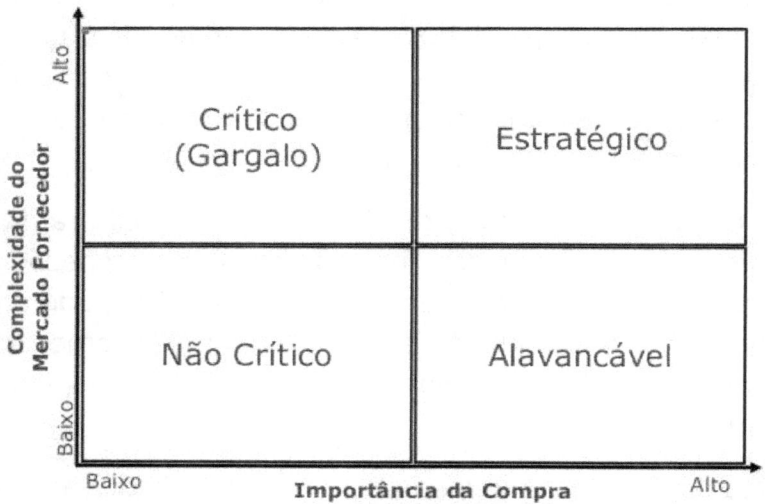

Figura 5- *Matriz da Complexidade do Mercado Fornecedor versus Relevância da Compra*

A primeira providência fora definir se o item era crítico ou estratégico e, para isto usamos a matriz de Complexidade do Mercado, figura 5, aplicado às peças fundidas.

As informações necessárias eram as conhecidas, ou seja, a exigência técnica para a fabricação estava definida através da especificação técnica da Engenharia e era considerada ALTA, o grau de importância da compra também estava definido, pois, as peças fundidas eram os principais componentes das bombas e também era ALTO, assim, da consulta à figura 5, enquadramos as peças fundidas como estratégicas, pois, a complexidade é ALTA e importância da compra também, indicando a importância em se fazer uma ANÁLISE DE MERCADO.

Restava agora, elaborar novos critérios para a reavaliação do cadastro de fornecedores.

A Mudança

A necessidade de implantação de uma classificação que relacionasse o grau de importância do que iria ser comprado com a complexidade do mercado fornecedor conforme os parâmetros abaixo:

1- Capacidade tecnológica para atender aos requisitos especificados;
2- Volume de produção em toneladas;
3- A infraestrutura fabril para Garantia da Qualidade;
4- Índice de rejeição no recebimento ou durante a usinagem;
5- Confiabilidade nos prazos de entrega;
6- Condições comerciais;
7- Logística de transporte;

Os parâmetros referentes à Qualidade do produto eram atestados pelos relatórios de inspeção elaborados pelo setor do Controle da Qualidade e encaminhados em cópia ao setor de Compras e Desenvolvimento de Fornecedor, sempre referendando ao lote de produção do fundido e à ordem de serviço de fabricação.

Ao setor de Compras, uma vez de posse do relatório do Controle de Qualidade, ficava a incumbência de emitir um relatório sobre a performance do fornecedor naquele período específico, sendo, que estas informações iriam subsidiar a revisão dos critérios para a qualificação de fornecedores.

A análise de mercado era demandada ao Desenvolvimento de Fornecedor para que a realizasse em conjunto com as demais áreas.

Para a análise de mercado fora adotada como referência a lista de material da bomba 13PB13, o carro chefe de Vendas, cujos componentes fundidos deveriam atender a especificação da Engenharia para Ferro Fundido Nodular GG25.

As especificações técnicas eram rigorosas em relação à composição química, às propriedades mecânicas, principalmente a dureza e outras características como a usinabilidade e o acabamento superficial.

Para atender às propriedades mecânicas, havia a exigência de que os fornos de fundição fossem elétricos e para atender aos requisitos de acabamento superficial e mitigar problemas como a retenção de gases e de redução de espessura nas paredes internas do fundido, era exigido que a tecnologia usada na fabricação de machos de fundição garantisse o acabamento especificado e que houvesse pelo menos três canais para eliminação de gases durante o vazamento da corrida. Tal exigência de Engenharia não permitia a utilização de machos de fundição em areia e nem a utilização de fornos Cubilot, o que restringia o mercado.

Os fundidos pesavam entre 8 kgf e 10 kgf e o volume de compras aproximadamente 20 toneladas por mês, também era um limitante, pois, nem toda fundição tinha condições de atender esse volume por corrida.

A pesquisa de mercado trouxera um retrato de poucas fundições, na realidade duas fundições, que se enquadravam nos requisitos técnicos especificados, devido à complexidade da fundição e do volume mensal a ser produzido.

Estas informações permitiram definir que as peças fundidas em ferro fundido nodular GG-25 e seus fornecedores fossem enquadrados como estratégicos.

A Mudança

A análise agora alcançava as peças fundidas em bronze e os forjados. As peças fundidas em bronze tinham um custo elevado, cerca de $ 13,00 dólares o par e os forjados fabricados em SAE 8620, pesando cerca de 4 kgf compunham os principais itens de alto custo e considerados estratégicos, passando a fazer parte da lista de componentes a serem monitorados pelo Desenvolvimento de Fornecedor.

Os parafusos de fixação, por sua vez, eram especificados de acordo com a norma ABNT e, por conseguinte eram itens de prateleira da indústria, ou seja, de fornecimento corriqueiro da indústria de parafusos e estojos. Assim, eles foram classificados como Não Críticos e seus fornecedores também.

Dentre as ferramentas para a análise de mercado, o modelo concebido por Michael Porter em 1979 em seu artigo "As cinco forças competitivas que moldam a estratégia", foi de grande auxílio.

As cinco Forças de PORTER são assim definidas:

1. Rivalidade entre concorrentes;
2. Ameaça de novos entrantes;
3. Poder de barganha dos clientes;
4. Poder de barganha dos fornecedores;
5. Ameaça dos produtos substitutos.

Neste trabalho de Análise de Mercado feito para a HYDRO SPECIAL, elaboramos algumas questões para cada tópico e cuja solução se encontra no Anexo I deste livro.

O resultado da avaliação pode ser representado em forma de gráfico, conforme a figura abaixo.

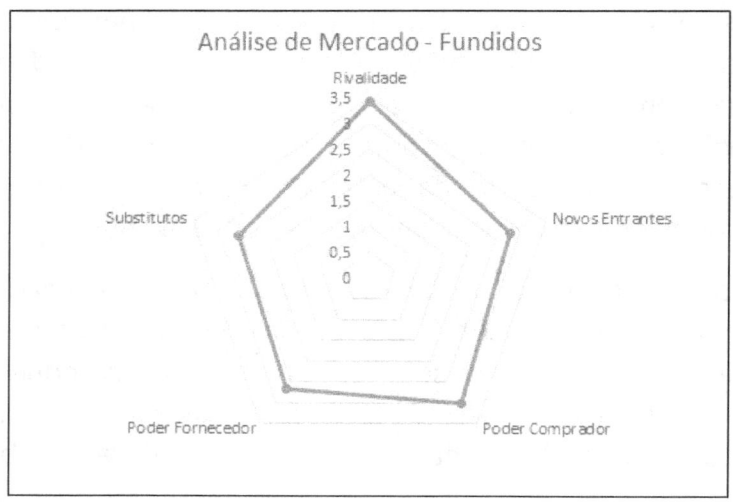

Figura 6- Gráfico das 5 Forças de Porter

O setor de Compras iniciara o seu processo de modernização com a implantação do sistema informatizado de Compras e Gestão de Fornecedores e criação do setor de Estatística e acompanhamento de preços, tudo isto, colaborava para o processo de mudanças que se avizinhava.

Já tínhamos uma metodologia e uma política com elementos necessários para um programa de Desenvolvimento de Fornecedor, suportado pela Diretoria Administrativa-Financeira.

A Mudança

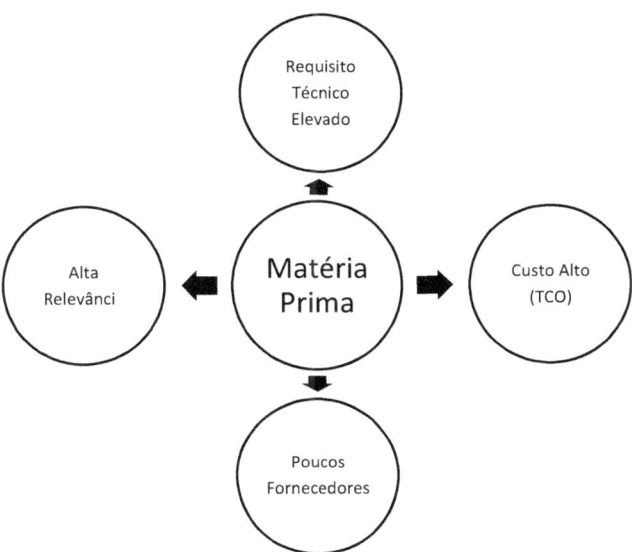

Figura 7- Desenvolvimento de Fornecedor para Fundidos

Assim, foi implementado uma sistemática de reconhecimento de fornecedores, destacando aqueles que atendiam e superavam as expectativas de qualidade, prazo e condições comerciais, através da emissão de um certificado enaltecendo a qualidade e o atendimento as expectativas da HYDRO SPECIAL.

O Planejamento e os custos de produção

O exemplo da bomba 13PB13 servira como base para diversos questionamentos dentro do processo produtivo.

O Desenvolvimento de Fornecedor atuava como um gestor de categoria, ou seja, questionava não só o custo da matéria prima, novos fornecedores, mas também a forma pela qual as peças eram produzidas ou beneficiadas, fosse no fornecedor ou na nossa fábrica.

Assim, era necessário entender as influências do mercado e do processo fabril sobre o custo de produção. Entendendo que o custo de produção é composto por MP($) + CF($) + INEF($), onde MP($) é o custo de aquisição da matéria-prima, CF($) é o custo de fabricação e INEF($) é o custo da ineficiência do processo, não é ociosidade.

O custo de fabricação CF($) era influenciado diretamente pela ineficiência da fábrica, ou seja, pelo fato de não conseguirmos converter todo o Homem-Hora disponível em produtos vendidos.

Esta ineficiência era composta por duas variáveis principais, a primeira relativa ao não aproveitamento do total de Homens-Hora disponíveis, devido a paralização para a ida ao banheiro, tomar um café ou mesmo beber água, a qual o setor de Custos Industriais considerava esta perda inerente às características da empresa e estimado em 15%, ou seja, quando a HYDRO

A Mudança

SPECIAL estivesse operando na sua fronteira de possibilidades de produção. Esta condição só ocorre quando se produz ao menor custo possível.

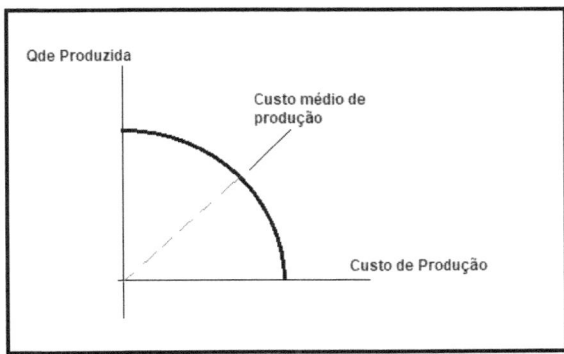

Figura 8- Curva de Custo médio de produção

A segunda variável era a ineficiência do processo produtivo, influenciada pelo tempo excessivo gasto na preparação da máquina, pela utilização de ferramental não automatizado, pelo uso de ferramentas não adequadas e a falta de manutenção preditiva, que causava redução na disponibilidade de Homem-hora-máquina. Era necessário a diminuir a dependência do homem na produção, a produção deveria se tornar mais automatizada.

A produção era chefiada pelo Eng° Fischer, também conhecido como RedNeck, um americano que morava no Brasil a cerca de 15 anos e mesmo assim, falava um português arrastado.

O Fischer deixava a produção, que possuía 35 operários trabalhando em turno único, sobre a supervisão e comando do Nilton, o encarregado da usinagem, que não tinha muita influência perante os demais operários.

As informações da Engenharia em relação aos tempos de fabricação, indicavam que se gastava uma média de 0,58 HH para fabricação de um componente, considerando 85% como um índice de indicativo da Fronteira da Possibilidade de Produção Ideal (FPPI), o cálculo da capacidade teórica para a produção de bombas seria:

Bomba – era composta de 6 componentes: Corpo e Tampa em ferro fundido, 2 placas de desgaste em bronze e 2 engrenagens

FPI = (1-0,15) = 0,85
Número de Operários= 35 @ 220 h/mês
Total de horas = 220 x 35 x 0,85 = 6.545 h/mês
Tempo gasto por componente = 0,58 h
Quantidade de componentes = 6
Capacidade da fábrica = 6545 / (6 x 0,58) = 1,880

Este era o cálculo teórico da capacidade instalada da fábrica, ou seja, a HYDRO SPECIAL poderia produzir 1,880 unidades por mês.

A realidade era diferente, a produção mal conseguia entregar 1200 unidades, apontava para uma eficiência de 63,83%, muito longe dos 85% estimados. A formação de *backlog* de produtos não entregues, trazia forte impacto no setor de Vendas e provocava atritos entre o PCP e Vendas e um desconforto na Diretoria.

O Sr. Murtinho, chefe do PCP responsável pelo planejamento da produção, por sua vez, procurava justificativas pela não entrega, ora era atraso no fornecimento de fundidos, ora manutenção de máquinas, outras vezes, o excesso de modelos por fabricar, o certo era que não conseguíamos entregar o

A Mudança

volume vendido no prazo. Essas justificativas sempre geravam discussões acaloradas entre o PCP e os setores de Compras, Engenharia, Manutenção e a Produção.

A atribuição do PCP era receber a previsão de vendas, elaborar o detalhamento das peças a comprar e a fabricar, programar a carga das máquinas operatrizes tendo como parâmetro os tempos de produção definidos pela Engenharia, acompanhar a produção e por último emitir as ordens de montagem. O fato era que a empresa fora instalada para produzir 2000 unidades por mês e não os números alcançados.

O Murtinho pouco ia a produção, ele acompanhava tudo o que acontecia através da sua mesa, que ficava colada à janela da sua sala, dando a ele uma visão privilegiada da área de produção.

Notava-se a sua satisfação ao ver a fábrica cheia de peças a usinar, um vai-e-vem frenético de empilhadeira, contentores saindo do almoxarifado para abastecer a produção.

O PCP emitia a Ordem de Serviço, uma ficha que acompanhava um lote de peças a serem fabricadas, de acordo com as etapas da produção. Nestas fichas eram anotadas a quantidade inicial, os refugos ou rejeitos produzidos ao longo do processo, culminando com a quantidade final ou pronta, que seria ou encaminhada ao almoxarifado ou ia direto para a linha de montagem.

O Fischer, estava sempre a solicitar ordens de serviço de fabricação que contemplasse um lote com grande quantidade de peças a usinar, era a política do "*To do as much as you can*" e como o Murtinho não gostava de se indispor com o Fischer, porque ele era o responsável pela produção e tinha o apoio da

Diretoria, emitia, então, ordens de serviço de fabricação conforme solicitado.

A visão do Fischer de produzir lotes com grande quantidade de peças, que ele denominava de lote econômico, com a justificativa de que lotes com grandes quantidades absorviam melhor os custos inerentes a preparação das máquinas, mas na realidade o que conseguíamos medir era a confusão de contentores e peças na produção.

Essa sistemática ou política de produção de ordens de serviços com falsos lotes econômicos baseados nos tempos de máquina parada, dava a falsa percepção de que tudo corria bem, ou seja, que os nossos clientes seriam atendidos e que a empresa atingiria os seus objetivos econômico-financeiros.

A fábrica estava sempre lotada de peças a produzir. No almoxarifado, o estoque de componentes usinados também era alto e a linha de montagem estava sempre a esperar a conclusão da fabricação de um componente ou outro. Era uma confusão, todos trabalhavam muito e pouca era a entrega ao cliente.

A área de Vendas, também ajudava na confusão toda vez que interferia na produção para atender a um cliente em especial, no caso de atraso na entrega, ou na preparação de protótipo destinado a uma nova aplicação, usando a produção como laboratório de testes.

Essas intervenções de Vendas e as omissões do PCP, faziam com que houvesse uma quantidade de componentes em produção muito grande, que denominávamos de estoque de *Produção em Andamento*.

A Mudança

As consequências da interrupção da fabricação de um componente em detrimento de outro geravam o descrédito por parte dos operários de toda programação que viesse do PCP, não havia espaço físico para armazenar tantas peças no setor de produção, além de gerar o caos na movimentação. A outra consequência era com o aumento das despesas para a reposição de matéria prima e o custo da oportunidade devido ao dinheiro imobilizado.

Essa forma de produzir causava impacto em vários setores, como o setor de Custos Industriais, o setor de Compras, a Controladoria e Vendas, sem falar na Diretoria.

Elza a contadora encarregada da área de Contabilidade e Custos Industriais, quando chegava perto do final de mês era só reclamação, estava sempre estressada e a fumar um cigarro após o outro, afirmava que o setor dela trabalhava em horário extraordinário, a fim de manter a Contabilidade de Custos atualizada por não conseguir as informações necessárias para calcular o CPV – Custo dos Produtos Vendidos, uma vez que, o Planejamento não passava ou demorava a passar informações sobre as Ordens de Serviço de fabricação e de montagem.

Não sei se a razão era verdadeira, mas que o PCP não tinha muito controle e por isto demorava em passar informações sobre as ordens de serviços de fabricação, isso era verdade.

Não era incomum encontrar ordens de serviço com mais de um mês em processo, provocado por interferências de outros setores, cuja consequência era a existência de estoque na produção. Isto era um dos fatores para o aumento do custo de produção e o pior, pois, muitas vezes, era solicitado a emissão de compras de matéria prima sem necessidade.

Isso acontecia em função da metodologia de ressuprimento automático, baseada no estoque mínimo e no ponto de ressuprimento, adotada pelo PCP. Este procedimento fazia com que fosse disparado um processo de compras de matéria prima bruta de fundidos ou forjados, sempre que atingisse o ponto de ressuprimento, esquecendo de analisar a sua efetiva necessidade.

O fato era, que ao final de cada mês só conseguíamos entregar cerca de 1200 unidades para uma venda de 1800 unidades, gerando um *backlog* de 600 unidades por mês e um desconforto da matriz norte-americana com a Diretoria no Brasil.

Este *backlog* além do desconforto, expunha a empresa a probabilidade do cancelamento de pedidos colocados, um aumento dos custos dos produtos vendidos e um pior resultado financeiro e econômico.

A realidade da HYDRO SPECIAL era bem diferente da esperada pela Diretoria e pela matriz. A eficiência da fábrica era cerca de 63%, que era comprovado pelo aumento do *Break-Even Point*, a empresa entregava em média 1200 unidades para uma capacidade de 2000 unidades, ou seja, era necessário vender mais unidades para pagar a mesma despesa. A situação tinha que mudar.

A Mudança

A produção e as mudanças no Recursos Humanos

A produção iniciava suas atividades às 07:00h e parava por 15 minutos para um café com pão e manteiga às 09:30h, às 12:00h parava para almoço retornando às 13:00h e mais uma vez parava por 15 minutos para o lanche da tarde e finalizava a produção às 17:50h de segunda à sexta-feira.

A fábrica era dividida em setores, tinha a tornearia, onde os forjados eram usinados em tornos mecânicos com castanhas manuais, o que provocava um desgaste físico no operador muito grande ao final do dia, que tinha como consequência uma queda na produção mensurada pelos apontamentos do PCP.

A tornearia, além dos três tornos de desbaste de forjados, tinha um torno copiador de perfil, uma fresadora de engrenagens e duas retíficas. Era o setor com melhor produtividade de acordo com os apontamentos do PCP.

Os outros setores eram compostos de fresadoras de desbaste, furadeiras múltiplas, mandrilhadoras de alta precisão e o setor das furadeiras radiais, sendo estas as máquinas que faziam a produção andar, operadas por 35 operários e todas alimentadas por uma empilhadeira, que freneticamente trazia e levava as peças do almoxarifado para a produção e vice-versa.

Os ajustes na produção deixavam o sr. Nilton preocupado, geralmente era necessário parar a produção, desfazer a preparação de algumas máquinas e prepará-las para as novas ordens de fabricação de peças diferentes.

A preparação de uma máquina, por exemplo, uma furadeira múltipla podia levar 40 minutos para a troca de ferramental. Isto acontecia com muita frequência, ou era um pedido direto do pessoal de Vendas ao chefe da produção, o Fischer, que alterava o plano da produção sem informar ao PCP ou alguma determinação vinda da reunião da segunda-feira de manhã entre Vendas, Planejamento, Compras e Diretoria.

Essas alterações refletiam no ânimo do pessoal, pois, nem todos gostavam de ficar mais tempo parado do que produzindo e no volume de peças produzidas por dia. Os operários sabiam que em algum momento teriam que compensar o tempo perdido.

A pressão sobre todos era grande, a Diretoria ansiava por bons números e dois setores eram os mais pressionados, o PCP e a Produção. A saída do Murtinho ou do Fischer era assunto corriqueiro nas conversas no café, havia até uma bolsa de apostas entre os operários para saber quem seria demitido primeiro.

A saída do Fischer se deu por um fato inusitado. A ocorrência de um jogo de futebol dentro da área fabril, no corredor de tráfego da empilhadeira, praticado pelos operadores das furadeiras radiais e das mandrilhadoras durante o turno extraordinário, fora o estopim. A empresa havia adotado um horário extraordinário, que ia das 18:30h até às 22:30h, para aumentar a produção e reduzir o backlog de Vendas.

A Mudança

Assim, aproveitando este episódio de indisciplina ocorrida na produção, a diretoria entendera que era o momento de fazer mudanças na produção, culminando na dispensa do Eng° Fisher e na advertência e suspensão de alguns operários.

A diretoria agiu rápido, transferiu o chefe do Controle de Qualidade, o Eng. Silvestre para a chefia da produção.

O Silvestre nunca havia trabalhado no comando de uma fábrica, mas tinha grande experiência em Controle de Qualidade na indústria de produção seriada, adquirida por anos de trabalho em montadora de automóveis em São Paulo, de certa forma, teria o conhecimento necessário, esta era a aposta da Diretoria.

O Silvestre assumia com dupla responsabilidade, recuperar o comando sobre o pessoal da produção e aumentar a produção.

Os problemas de baixa produtividade e a falta incentivo e reconhecimento trouxeram problemas também para a área de Recursos Humanos, onde as reclamações sobre a qualidade das refeições fornecidas, o transporte oferecido e um plano de cargos e salários estavam dentre as principais alegações.

O novo gerente de Recursos Humanos, o Carlos José, que era oriundo da indústria naval, tinha trabalhado no Estaleiro Estrela Azul, do outro lado da baía da Guanabara, mal começara e estava tendo que resolver os problemas de disciplina na produção e ao mesmo tempo criar um ambiente que estimulasse ao aumento da produtividade.

O tempo passa rápido estávamos em quase dezembro e por iniciativa do Recursos Humanos, este final de ano teria um torneio de futebol entre os empregados e a chegada do Papai Noel. A reação foi imediata, grupos se formaram para escalar os times e como de praxe, o jogo entre o pessoal da Administração versus a Produção.

O time da Administração contava com funcionários da Contabilidade, Engenharia e PCP e o time da Produção era representado pela Usinagem foi o ponto alto da festa, primeiro porque o juiz do jogo era o Pinheiro, que trabalhava na montagem e favorecia ao time da Produção e segundo pelo goleiro do time da Administração, o Paulo Renato, agarrando tudo, ele quando jovem havia sido goleiro do time juvenil do time da rua Bariri.

As famílias estavam ansiosas para ver a chegada do Papai Noel, todos esperavam que ele viesse em uma caminhonete, mas para surpresa geral, ele chegou de helicóptero, sucesso total.

Nas semanas seguintes, só se falava na festa, no futebol, onde o time da Usinagem venceu por 3 a 0 e a chegada do Papai Noel, o Carlos José chegava conquistando os funcionários.

Ano novo e velhos problemas. O Silvestre iniciara o ano com o objetivo de aumentar a produção e solicitara ajuda ao setor de Compras. Ele queria aumentar a produtividade na linha de engrenagens e solicitara a Compras que fizesse uma cotação no mercado de acessórios para máquinas operatrizes para aquisição de uma placa para torno com pinça hidráulica e os serviços da sua instalação.

O maquinário era bom, mas limitado em tecnologia, o que provocava gargalos em quase tudo na produção, tínhamos uma linha de tornos mecânicos sem automação alguma, o que limitava a fabricação de engrenagens, impossibilitando de atender o mercado de peças de reposição, uma reclamação constante de nossos clientes perante a direção.

A Mudança

A placa de desgaste em bronze era outro problema, além dos problemas de qualidade com a fundição **Galo de Bronze** de Miracema do Norte, o processo utilizado para a usinagem era demorado e custoso, pois, não raro encontrávamos falhas de fundição nas peças, gerando sucata de matéria prima usinada, ou seja, sucateávamos o custo da matéria prima e o custo da mão de obra utilizada durante o processo de usinagem, custo muito alto.

O assunto placa de bronze fora levado ao Eng. Wiliam do Desenvolvimento de Fornecedores para encontrar uma solução para o problema da qualidade e o alto custo que pagávamos pelas peças. Enquanto isso a produção convivia com perdas e atrasos na fabricação de placas de bronze.

A área de Vendas tentava manter o privilégio de poder interferir na produção, principalmente, para a produção de protótipos alegando que o volume era muito pequeno e não atrapalharia o fluxo da produção. Essas paralizações não encontravam eco no Silvestre, porém, o Murtinho do PCP, procurava não polemizar, o que só aumentava o descontentamento perante os operários, mesmo assim, o Silvestre começava a travar estas intervenções.

O Silvestre estava conseguindo melhorar as condições da produção, através de pequenas intervenções, mas tinha muito a fazer. Algumas ações eram de rápida implementação, outras demandavam recursos e tempo, mas eram necessárias e tinham que ser feitas.

A equipe da montagem fora substituída por completo, a expectativa era que os novos funcionários fossem mais proativos e organizados na condução do serviço.

Estávamos em julho, o volume de produção continuava igual, ou seja, muito esforço e pouco resultado. Os números ao final de junho tinham sido muito fracos, foram 1064 unidades entregues, cuja justificativa era o problema ocorrido na subestação de energia elétrica da fábrica, que causou um princípio de incêndio na caixa de fusíveis, deixando a fábrica sem energia por quase dois dias.

A produção de julho estava indo para o mesmo caminho, apesar dos esforços do Silvestre.

Estávamos à uma semana do final de julho, reunião com a Diretoria, assunto era a produção do mês, e a pergunta fora sobre os números finais, ou seja, quantas unidades seriam entregues. Era comum, que na última semana do mês, a produção aumentava, muito devido ao término de algumas ordens de serviço de fabricação, permitindo a montagem das bombas.

O Murtinho, afirmara que o número iria ser um pouco melhor, cerca de 1250 unidades e que em vista do histórico de fabricação, esta era a capacidade da fábrica e não as 2000 unidades conforme preconizava o estudo de viabilidade inicial da matriz.

A discussão foi acalorada entre todos, cada um defendendo um ponto de vista e com uma proposta de solução. O Murtinho fora taxativo, 1250 unidades era o máximo que se conseguiria produzir com aqueles equipamentos, Vendas por sua vez afirmava ter potencial de vender 1800 unidades ou mais desde que entregassem.

Terminada a reunião, saímos para o almoço. Ao retornarmos, havia novidades, o Murtinho fora dispensado.

A Mudança

A cadeia de suprimentos e os aspectos da mudança

O setor de Compras, após a reestruturação, mantinha uma estrutura enxuta, entregáveis bem consistentes, ou seja, conhecia o mercado supridor, a sua importância perante ao mercado, em especial o mercado de matéria prima, possuía informações sobre o desempenho dos fornecedores, a evolução dos preços, ou seja, o trabalho que o Lemos desenvolvia na Estatística estava trazendo bons resultados.

A implantação destas melhorias, permitia uma melhor administração do serviço prestado por Compras aos demais setores, trabalhávamos com o conceito cliente-fornecedor no âmbito da HYDRO SPECIAL.

O comprador agora podia consultar no computador ou na listagem de fornecedores, quem estaria apto a fornecer tal bem ou serviço, e encaminhar na sequência uma correspondência via teletipo, fac-símile ou contato por telefone.

As cotações eram anexadas a requisição de compras e depois analisadas, sendo então definido a empresa vencedora da tomada de preços. Após a aprovação, bastava imprimir a ordem de compras e fazer o follow-up.

O Engº William do Desenvolvimento de Fornecedor, estava sempre suportando o Planejamento de Compras e vinha trazendo bons resultados com o seu trabalho, havia

A Mudança

desenvolvido mais uma empresa de tratamento térmico para engrenagens e eixos, uma das questões sugeridas pelo setor devido a nenhuma competitividade e que agora passaríamos de um fornecedor para dois fornecedores.

A proximidade e a afinidade entre os setores de Compras e Desenvolvimento de Fornecedor, trazia para os compradores um apoio fundamental. Não raro um comprador solicitava ajuda ao Desenvolvimento quando estava com dificuldades de ordem técnica no fornecimento.

Assim fora desenvolvida a empresa Bronze-Itália Fundições para o fornecimento de placas em bronze, a fim de substituir a Fundição Galo de Bronze, cuja qualidade e custo eram os piores possíveis. A Bronze-Itália era fundição reconhecida no mercado por produzir peças com uma qualidade muito superior, muito disto devido ao seu processo de fabricação, que era fundição por centrifugação em *shell molding*, que promovia um acabamento superficial excelente.

Esta condição ia ao encontro do solicitado pelo Silvestre e por Compras, trazia benefício direto para a produção, primeiro pelo alto grau de qualidade do material, não teríamos rejeição durante a usinagem, segundo um menor tempo de usinagem na fresadora, possibilitando aumento da produção de placas e assim foi possível estabelecer um contrato de longo prazo, que trazia em seu bojo o conceito de JUST IN TIME.

Este fora o primeiro contrato de longo prazo assinado, onde garantíamos um mínimo de consumo mensal com entregas programadas, ajustado a cada 60 dias e que em função do volume fora possível obter uma redução no preço unitário e no frete.

O setor de Compras trabalhando com o suporte do Desenvolvimento de Fornecedores, havia implementado novas rotinas, trazido alternativas de fornecimento, mas ainda precisava de informações mais precisas sobre as demandas do setor de Vendas.

Tínhamos voltado do almoço, o chefe de Vendas, o chefe da Engenharia e eu. Assim que passamos na guarita em direção ao estacionamento, a recepcionista me avista e avisa que o diretor queria falar comigo.

O diretor informou que havia dispensado o chefe do PCP e gostaria que eu assumisse o planejamento também.

Estávamos em fins de julho, a produção entregara 1256 unidades, como previra o Murtinho. O desafio dado trazia uma mensagem implícita, ou seja, tinha que atingir um volume de produção alto, ou caso contrário, seria dispensado também.

O setor de Compras estava organizado e era preciso passar o serviço e preparar para assumir mais um setor. A proposta à direção foi de transformar o PCP, Compras, Almoxarifado, Logística e Tecnologia da Informação em setores subordinados a uma gerência, a gerência de Materiais. O Desenvolvimento de Fornecedor seguia ligado à Diretoria Administrativa-Financeira.

A transição em Compras estava desenhada, o Lemos assumiria o meu lugar, visto que, ele participara dos processos de compras com fornecedores de matéria prima e conhecia bem as rotinas do setor e a estrutura de custos.

Era preciso montar a equipe do Planejamento, fazer a passagem de serviço para o Lemos, informar ao Nakayama que ele iria responder por toda a área de Tecnologia da

A Mudança

Informação da empresa e colocar em ação um planejamento de produção capaz de atender as entregas previstas para agosto.

O ponto de partida fora a simulação da produção usando como ferramenta a programação linear aplicada em uma planilha eletrônica, tendo como referência os tempos e movimentos conhecidos. Esta planilha trouxera um retrato teórico do que poderia acontecer na produção e o resultado que poderia ser alcançado.

Outras ações se desenhavam como sendo de suma importância e precisavam ser aprimoradas, dentre elas, foi a extensão do sistema de Compras para o setor de Vendas, Planejamento, Compras, era o sistema **SIVAE** – SISTEMA INTEGRADO DE VENDAS COM ATUALIZAÇÃO DE ESTOQUE, que estava a cargo da equipe do Nakayama, ele e mais dois programadores.

Figura 9- SIVAE - Diagrama de Contexto

O SIVAE tinha em sua base de dados todos os produtos e suas respectivas listas de materiais contemplando quantidade e especificação. O sistema detalhava as vendas, fazia a explosão dos itens, agrupando as peças ou componentes comuns e o prazo de entrega do produto vendido.

Estas informações eram fundamentais para o planejamento tanto da produção quanto de compras.

O desenvolvimento do SIVAE não foi fácil, primeira barreira encontrada fora a cultura da empresa, as pessoas eram sépticas em relação a automação, mas através do apoio do Diretor Administrativo-Financeiro conseguimos os recursos necessários, porém, teríamos que apresentar resultados em curto espaço de tempo.

A equipe do Nakayama trabalhava no desenvolvimento da programação, a linguagem COBOL fora adotada por ser a mais robusta e cada programador-analista cuidava de uma área específica do sistema. Tínhamos a Maria Carla na área de Compras e Estoque, o Cosme na área de Vendas e Nakayama assumira o Planejamento e a integração.

Havíamos chegado em maio e consumidos cerca de 3 meses de desenvolvimento, o curto espaço de tempo que nos fora dado, estava ficando escasso. A pressão para apresentar algo de concreto era grande.

Era quinta-feira, segunda quinzena de Maio, toca o meu telefone, era a secretária da diretoria me chamando para apresentar a evolução da programação dos sistemas de informação, pensei comigo mesmo, a pressão já havia começado.

A Mudança

Um pouco antes do horário marcado, me dirigi a sala dos programadores e fiz a pergunta que tanto ansiava: "Temos algo para apresentar?". A resposta veio do sorriso da Maria Carla, o primeiro relatório do estoque. Não esperei muito, peguei o relatório e me fui para a reunião.

A reunião começara com o Diretor-Presidente falando do momento de transformação e mudanças na empresa e na nova geração de funcionários e das novas tecnologias. Neste momento, coloquei sobre a mesa o relatório do estoque recém impresso. A expressão de felicidade ficara estampada no rosto dos diretores, esquecemos a reunião e a primeira reação da direção fora ligar para a matriz nos EUA e informar a boa nova.

Havíamos conseguido graças ao trabalho da jovem equipe do Nakayama, mas ainda tínhamos muito a fazer.

Em paralelo, aproveitava a chegada do Silvestre à produção e começamos a discutir alternativas e formas de conduzir a produção. Essas discussões eram profícuas, pois, as dificuldades da produção refletiriam no resultado do planejamento proposto, ou seja, no resultado esperado. Era preciso encontrar o ponto ideal entre produção, compras, planejamento e vendas.

Os gargalos na produção eram conhecidos. Nós tínhamos limitações no setor de usinagem de engrenagens, na madrilhadora de desbaste e na fresadora com Comando Numérico Computadorizado ou CNC.

Por outro lado, era preciso que houvesse mais confiança nas informações de estoque e do estava sendo produzido, ou seja, as peças em andamento na produção e a data de recebimento das matérias primas compradas. Tudo isto tinha que ser bem preciso para que o planejamento e a sua execução obtivessem sucesso.

O inventário do estoque de peças no almoxarifado, das peças em andamento na produção era uma ação fundamental e que tinha que ser realizada. Assim, convocara o responsável pelo almoxarifado, o responsável pelo PCP, para que em conjunto com o pessoal que o Silvestre colocara à disposição, fizéssemos o inventário em uma parte do dia.

O Nakayama por sua vez, havia deixado a sua equipe de prontidão para o processamento das informações e emitir o relatório atualizado.

Terminado o inventário, era preciso continuar a fabricação das peças e continuar a entregar o volume de unidades previsto.

A proposta para a produção foi, no primeiro momento devolver ao almoxarifado todas as peças que ainda não haviam iniciado a fabricação e, em virtude do inventário da produção de peças em andamento, ter fornecido um retrato do estágio da fabricação, devolvemos ao almoxarifado todas as peças que não faziam par ou melhor dizendo, devolvemos ao almoxarifado todas as peças que não gerariam uma ordem de montagem de bombas ao final e, para isto contamos com o auxílio de um funcionário do PCP e o supervisor da usinagem.

O relatório do inventário com as informações do estoque, contendo produtos prontos, matéria-prima, registrava o quantitativo e o valor de custo calculado de acordo com as orientações da Contabilidade e Custos. Este relatório fora distribuído para Diretoria, Contabilidade e Custos, Planejamento, Produção, Almoxarifado e Compras, quase toda empresa.

A Mudança

A gerência de Materiais, convocara o PCP, Compras e Almoxarifado para confrontar os dados levantados com a previsão de Vendas, era fundamental essa análise.

O relatório do inventário e das necessidades para atender Vendas iriam trazer informações preciosas, pois, poderíamos planejar a montagem de unidades cujos componentes já se encontravam no estoque, o sistema que o Nakayama havia desenvolvido fazia esta comparação, assim fora possível programar a linha de montagem com peças oriundas do estoque e não vindas direto da produção.

O saldo a ser montado seria confrontado com o que estava em fabricação e com a programação de recebimento de matéria-prima, desta forma, conseguiríamos predizer quando o produto seria entregue. Esta informação fora extremamente útil ao setor de Compras, porque, permitiu ajustar os pedidos colocados de matéria-prima em função do que fora vendido. Isso promoveu uma redução de estoques de matéria-prima.

Vinicius Rabello de Abreu Lima

Virando a página

Foi uma sensação incrível, limpamos a fábrica, os corredores estavam vazios, as máquinas com pouca carga de produção ou nenhuma, senti um frio na espinha. Daria certo este modelo? Terminamos o dia sem montar uma única bomba.

No dia seguinte, o planejamento começara a abastecer a produção com itens que ao final pudessem gerar uma montagem ou um produto pronto. A princípio, o Nilton não estava convencido do que estávamos fazendo, em sua interpretação, entendia que a quantidade de preparações de máquinas iria aumentar, em especial na furadeira múltipla e a consequência seria a redução da quantidade de peças produzidas por dia.

Era preciso pensar e agir diferente, chamei o Nilton e o Silvestre para ali mesmo, perto da furadeira múltipla e os questionei dos motivos que levavam a ter um tempo de preparação da máquina tão longo e o que era necessário para reduzi-lo e em que poderíamos ajudar.

Sugestões de melhorias logo apareceram, vieram dos próprios operadores das máquinas, porém, tinha uma consequência, ou seja, para a alteração do dispositivo de montagem de ferramentas, a máquina ficaria parada, enquanto isto acontecia.

Acertamos o tempo de paralização da máquina e assim fora feito.

A Mudança

O Silvestre havia comprado a ideia.

Não iríamos mais produzir lotes grandes de peças de uma vez e sim pequenos lotes várias vezes. Esta seria a forma pela qual iríamos conduzir o planejamento e a produção.

Resultado, poucas unidades montadas no segundo dia após a mudança.

A produção fabricava os itens que não passassem pela furadeira múltipla e estes iam direto para o almoxarifado, enquanto isso, os operadores da furadeira múltipla tratavam de auxiliar o pessoal da ferramentaria e manutenção, a fim de acelerar o serviço e conhecer melhor o equipamento.

O Silvestre estava empolgado com a oportunidade de fazer ajustes e atualizações nas máquinas, pois, à tempos que elas só produziam e eram manutenidas. Agora era hora de olhar mais para o processo do que para a produção. Isso tinha seu preço. O terceiro dia praticamente nada havia sido montado.

A fábrica estava tranquila, nada de contentores empilhados, nada de peças paradas no meio da fábrica, de qualquer lugar da fábrica se conseguia ver o fluxo da produção.

A maior movimentação era feita pelo pessoal da ferramentaria e manutenção. Nas demais máquinas a usinagem continuava.

No final da manhã do quarto dia, a furadeira múltipla fora liberada pela manutenção, iniciava o seu comissionamento, iria produzir algumas peças, as quais seriam inspecionadas e se aprovadas a máquina retornaria à atividade.

O Gerson do PCP ao receber a notícia, iniciara a programação para atender a complementação dos conjuntos faltantes. Haviam sido produzidos as engrenagens, as placas, os corpos e faltavam as tampas, que estavam dependendo da furadeira múltipla.

A sexta-feira chegara e não havia me dado conta do tamanho da mudança que ocorrera naquela semana.

Havíamos iniciado um novo ciclo na produção e montagem, aumentado o desafio do PCP, expandido a participação de Compras, criado um setor de Tecnologia da Informação para suportar pelo viés tecnológico as rotinas. Tudo aparentava ter ocorrido numa fração de tempo muito pequena.

A impressão não era só minha, o Silvestre e o Nilton também estavam com a mesma sensação.

A minha convicção de que conseguiríamos atingir os objetivos não mudara, estávamos trabalhando para que o resultado acontecesse, mais uma vez me recordei dos ensinamentos sobre JUST-IN-TIME, KAN-BAN.

O quarto dia terminava e continuávamos a montar poucas unidades. Fechamos a semana com pouco mais de 80 unidades montadas, a previsão de Vendas era 1720 unidades.

Tínhamos três semanas para produzir e montar 1640 unidades.

A Mudança

A segunda semana de mudanças

O final de semana foi de sentimentos que se opunham a depender do momento do dia e da hora, a ansiedade para chegar logo na segunda-feira era enorme.

Mas, quem tem filhos pequenos não tem muito tempo para tais sentimentos, a garotada queria atenção total. A final eu saía cedo de casa e quando retornava a caçula estava quase sempre a dormir, o mais velho, esse ainda ficava acordado, mas quando dava 08:00 da noite ou um pouco mais tarde, não tinha jeito, apagava no sono.

Desde a minha admissão na HYDRO SPECIAL o desejo de ter uma casa de fim de semana aumentava. Nós morávamos em apartamento com 2 quartos, que deveria ter uns 60 m2, mas o que era bom mesmo era o playground, as crianças adoravam.

A minha cunhada havia a tempos comprado uma casa em um condomínio na chamada Região dos Lagos e sempre nos convidava para ir conhecer o lugar e comer um churrasco e lá fomos nós.

No caminho aquela bagunça de sempre, um casal de filhos, o mais velho com 6 e a caçula com 3, Deus do céu! Eram biscoito, mamadeira, fraldas, lanche, tudo isso dentro de uma sacola ou bolsa grande de alças na cor azul da minha mulher. A viagem levava um tempo muito grande, pois, engarrafamento era comum nos finais de semana.

A minha cabeça estava focada na estrada e na segurança da minha família, só pensava no trabalho quando parava o carro ou no engarrafamento ou para abastecer.

Chegamos após 2 horas e meia de viagem, a garotada desceu para brincar com os primos e nós fomos preparar o churrasco. Domingo a tarde já estávamos de volta ao Rio e a proximidade da segunda-feira estava rondando os meus pensamentos.

Eu tinha plena convicção de que estávamos no caminho certo, mas tinha que provar.

Fazia sempre o mesmo percurso, saia de casa pegava a avenida Paulo de Frontin, Leopoldina e a avenida Brasil em 50 minutos chegava. Naquela segunda-feira, nem fui à minha sala, fui direto para a produção, pois, já eram 07:40h da manhã, apesar do meu horário ser de 08:00h às 17:00h.

Fui direto ao encontro do Nilton, a área de produção estava como a muito tempo não se via, organizada. Para quem estava acostumado a ver a área entulhada de contentores, peças a usinar por todos os cantos, era um choque. O Gerson do PCP estava cumprindo o que havíamos definido, a produção deveria ser abastecida de poucas quantidades, mas de itens ou componentes que ao final pudessem se transformar em um conjunto montado.

O Silvestre chegara logo depois de mim, talvez uns 15 minutos depois e veio a se juntar a conversa que travava com o Nilton. Estávamos perto das retíficas, bem na metade do galpão. O Nilton aproveitara a chegada do chefe para questionar sobre as quantidades de cada lote de produção, achava ele que a área estava vazia demais.

A Mudança

Esse seria o grande questionamento, eu não sabia o número exato ou mesmo aproximado das quantidades por ordem de serviço, teria que ser por experimento. O que sabia era da necessidade de fabricar, montar e testar 1640 unidades em três semanas, o que daria 109 unidades montadas e testadas por dia.

A minha proposta fora de um lote de produção de 30 peças de cada componente da bomba, assim, a cada 30 peças produzidas e liberadas pelo Controle de Qualidade eram encaminhadas para a linha de montagem.

O Edilberto, responsável pela montagem, havia se habituado a receber centenas de peças, muitas das vezes sem o seu par correspondente para a montagem, estava meio incrédulo quanto ao que estávamos a fazer. Dizia ele que queria ver para acreditar.

O ritmo da produção ainda era de adaptação, a famosa curva de aprendizagem que tanto se falava nas aulas de Planejamento da Produção nos cursos de Engenharia, mas antes do meio da manhã, o primeiro lote de 30 peças chegava à linha de montagem.

A Diretoria, por sua vez, estava dando crédito e apoio ao trabalho, mas nesta semana teríamos que entregar muito mais do que 80 e poucas unidades, conforme acontecera na semana anterior.

A organização da produção estava caminhando dentro do que havíamos planejado, mas era preciso que as outras áreas que tinham impacto direto na produção, também estivessem imbuídas do mesmo espírito ou envolvidas na solução do problema.

O processo de produção das engrenagens era dividido em três etapas, a primeira etapa ocorria no setor de tornearia, depois, eram encaminhadas para serem beneficiadas fora das nossas instalações e ao retornarem passavam pela última fase, antes de serem liberadas para a montagem. E tudo isso dependia da contratação dos serviços e da logística em levar e trazer as engrenagens, ou seja, dependia de Compras.

O Lemos, agora chefe de Compras, tinha feito um contrato de longa duração com a empresa ALLTEMPER STEEL, que ficava a uns 30 km da fábrica, empresa especializada em tratamentos térmicos de materiais ferrosos e aços especiais, que ficava em Cordovil, cujo dono, o sr. Klinger, um austríaco de uns 50 anos, de formação em Engenharia Metalúrgica, era o proprietário e o seu conhecimento sobre o assunto, poderia nos ajudar em muito a solidificar as mudanças implementadas.

Nós tínhamos um problema de fluxo de recebimento de engrenagens vindas do tratamento térmico. Era preciso que o processo de tratamento térmico também se enquadrasse nesta nova filosofia de produção, mas como o beneficiamento das engrenagens ocorria em instalações de terceiros, onde não tínhamos qualquer gerência era um problema a solucionar.

As engrenagens levavam cerca de oito horas para retornar, ou seja, as engrenagens entregues pela manhã, só retornavam ao fim do dia, impactando diretamente a linha de montagem, isto era um complicador e era preciso encontrar uma solução. Assim, convoquei o William do Desenvolvimento de Fornecedor e o chefe do Controle de Qualidade para analisar o problema, nós precisávamos saber se haveria uma outra técnica de tratamento térmico, cujo resultado fosse o mesmo, porém, que levasse um tempo menor, isto era assunto para o Desenvolvimento de Fornecedor.

A Mudança

Marquei uma reunião com a ALLTEMPER para saber do sr. Klinger que solução ele teria e se seria economicamente viável, de nada adiantaria uma solução que aumentasse os nossos custos.

O Klinger era um metalurgista muito conceituado entre seus pares, ele não gostava muito de receber visitas, quem tratava de assuntos comerciais era sua filha Margaret, ele gostava mesmo de atuar no laboratório de metalurgia que eles possuíam e estudar melhorias no seu processo.

Fomos os três, Wiliam, o Fernando e eu. Durante o trajeto, fiquei pensando em um plano alternativo, plano B, caso o Klinger não pudesse nos ajudar.

O plano B seria encontrar uma empresa que pudesse prestar serviços de usinagem, se possível especializada na fabricação de engrenagens, isto serviria como uma produção marginal, que em caso de sucesso, nos possibilitaria aumentar a produção diária e atender ao plano de montagem e a comercialização de sobressalentes. Esta ação ficou a cargo do William, pois, ele conhecia bem o mercado e assim ficou de me apresentar um estudo.

A Margaret nos recebeu e nos levou até o laboratório onde estava o Klinger. Explanei a ele as mudanças em curso na HYDRO SPECIAL e perguntamos qual a solução técnica que ele teria ou sugeriria que pudesse atender as nossas necessidades de tempo e qualidade.

O Klinger ficara com brilho nos olhos, ele nos dera uma aula sobre tratamento térmico e os diferentes métodos para atingir o mesmo objetivo. No nosso caso, o maior tempo era gasto na cementação do aço, que é o processo termoquímico, que consiste na introdução de átomos de carbono na superfície de peças em aço.

Ele nos dera uma excelente notícia, a ALLTEMPER poderia fazer a cementação a gás e com isto reduziria o tempo total, indo ao encontro das nossas expectativas. A Margaret que também participava da reunião levantou o problema de aumento de custos. A posição era de não ter aumento de custos, mas solicitei que nos informasse quanto seria este acréscimo e que enquanto discutíssemos, as engrenagens seriam beneficiadas já pelo novo método. Tudo combinado, de volta para a fábrica.

No caminho, mais do que nunca, a opção por outra fonte de suprimento de tratamento térmico e de usinagem se faziam necessárias, incumbência dada para o Wiliam.

Na chegada, fui dar as boas novas ao meu diretor e informar da incumbência dada ao William, ele aproveitou para perguntar a quantas iam as mudanças. Fiz um relato e que esperávamos montar nesta segunda-feira, pelo menos 80 unidades.

Ao retornar a minha sala, chamei o Gerson do PCP, o Sidronilho da Logística e o chefe do almoxarifado. Era preciso que as engrenagens fossem entregues e recolhidas conforme o combinado com o Klinger, ou seja, às 08:30h da manhã levaríamos as engrenagens que estivessem prontas para tratamento térmico e retornávamos com as beneficiadas na tarde anterior e a segunda remessa seria às 14:00h e retornávamos com as beneficiadas pela manhã. Assim, mantínhamos o fluxo de materiais para a montagem.

Final da segunda-feira, a montagem havia trabalhado sem sobressaltos e já haviam sido entregues ao almoxarifado 96

A Mudança

unidades para faturamento e outras poucas em processo de final de montagem.

Terça-feira cedo a diretoria nem esperou pelo relatório que sempre encaminhava a respeito da montagem do dia anterior, estavam os dois diretores no setor de montagens conversando com o responsável. O interesse era em saber quantas unidades foram montadas. O volume montado na segunda-feira fora de 126 unidades montadas, um recorde na história da empresa.

Fui ao encontro deles e neste momento perguntaram ao chefe da montagem, se conseguiríamos repetir o feito. A afirmação foi que se tivesse material à disposição, o setor poderia montar até mais unidades por dia, ato contínuo, todos olharam para mim.

A bola estava comigo.

A integração e o aumento da produção

As mudanças na produção estavam em curso, a cada dia era um dia de aprendizado diferente. Os operadores de máquina já estavam aceitando e assimilando a nova forma de produzir, começavam a sentir a diferença entre empurrar a produção e puxar a produção, o ritmo era outro e o fluxo muito melhor.

A Gerência de Materiais ficava monitorando o *backlog* de Vendas, não só de produtos prontos, mas de peças de reposição também, pois, esse era um problema sério, pois, estávamos focados em atender aos pedidos de bombas dos clientes e, negligenciávamos os pedidos relativos as peças de reposição.

O *backlog* de peças de reposição era muito grande, o Gerson do PCP e o Lemos de Compras haviam consultado o SIVAE e gerado uma listagem de peças de reposição, que per si, necessitariam de mais de um mês de produção exclusiva para elas, isso também tinha que mudar.

A solução mais uma vez passava pelo Desenvolvimento de Fornecedores. Marcamos uma reunião envolvendo o PCP, Compras, Desenvolvimento de Fornecedores com a diretoria. A proposta, como eu já havia falado com o Wiliam por ocasião da ida a ALLTEMPER, era desenvolver fornecedores de usinagem para as engrenagens, ou seja, uma produção marginal.

A Mudança

A estratégia consistia em localizar no Rio de Janeiro fornecedores de serviços de usinagem, que tivessem alto padrão de qualidade, custos dentro do orçamento e comprometimento com prazo de entrega, sendo que o material seria de nosso fornecimento.

Havíamos definido dois tipos de empresas, a primeira, seria a que possuísse um parque de máquinas de alto rendimento e performance, de mão de obra qualificada e sistema de Gestão da Qualidade a oferecer e o segundo tipo, seria a que possuísse o maquinário adequado, mas não teria a mão de obra qualificada e neste caso nós arrendaríamos o maquinário e produziríamos com nosso pessoal.

Essa fora a missão dada ao Wiliam, que com a ajuda do pessoal do Controle de Qualidade iria a campo pesquisar e avaliar as empresas. Estávamos todos no aguardo do retorno.

A Gerência de Materiais havia implementado com os principais fornecedores de insumos, fossem eles de matéria prima para a produção ou para a manutenção das máquinas, uma estratégia, que garantisse o fornecimento, a manutenção do preço e a entrega na data necessária, cujo resultado esperado era redução do estoque destes itens.

Esta estratégia tinha por princípio o conceito de JUST IN TIME e a Gestão de Relacionamento de Fornecedores, praticado através de contratos de longa duração com entregas parceladas e ajustadas periodicamente. Era o fim da política automática de ressuprimento, não haveria mais ponto de pedido ou suprimento baseado em consumo histórico e estoque de segurança, o conceito da curva de ressuprimento tipo "Dente de Serra" estava abolido.

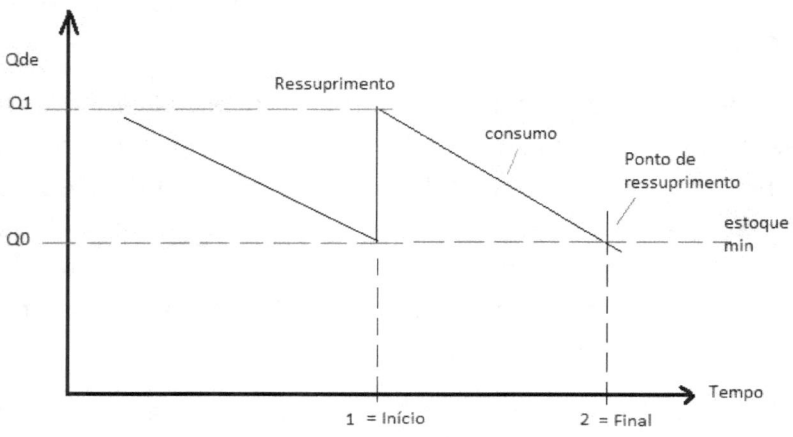

Gráfico Dente de Serra

Dentre as características do gráfico "Dente de Serra" podemos citar o Ponto de Ressuprimento ou Ponto de Pedido, que representa o momento em que uma nova remessa de peças deve entrar no estoque, ou seja, o momento em o ressuprimento é processado.

A Gerência de Materiais, através do setor de Compras dava um salto na direção do menor TCO (*Total Cost of Ownership*), o suprimento passara a retratar a demanda futura, fosse ela firme ou esperada.

Todas essas mudanças eram percebidas e processadas pelo Lemos do setor de Estatística e Planejamento de Compras, onde ele mantinha atualizado a projeção de custos de aquisição de matéria prima e a contribuição percentual no preço de vendas.

O Lemos acompanhava a evolução do preço dos metais não ferrosos, o bronze em especial e alertara para o custo das

A Mudança

placas, pois, mesmo com a entrada de um novo fornecedor, o seu custo de aquisição pouco reduzira. O ganho que se obtivera, era fruto da redução drástica nos problemas relativos à qualidade devido a substituição da fundição e o índice de peças rejeitadas passara para três a cada dez mil peças entregues, conforme a informação obtida através do relatório do Controle de Qualidade.

A produção estava satisfeita por ter índices de rejeição muito baixo durante o processo de usinagem, o Planejamento também estava satisfeito com o material da Bronze-Itália, pois, conseguia atender a linha de montagem conforme o programado, da mesma forma o setor de Compras, pois, estava suprindo a produção com produto de excelente qualidade e dentro do prazo planejado e um pouco mais barato do que a fundição anterior. O único que sempre questionava era o Lemos.

A empresa tinha um setor que fora criado para desenvolvimento de fornecedor e reduzir custos, assim convidamos para discutir o assunto a Engenharia, o PCP, Vendas, Compras, Desenvolvimento de Fornecedor e a Produção, a discussão estava lançada.

Era preciso entender que a composição de custos da placa em bronze era significativa, primeiro pelo custo elevado do bronze, segundo pelo tempo que a peça levava em fabricação era muito grande, havia necessidade de usinar todos os lados da placa, a peça era 100% usinada.

Os números na manhã do dia 30 apontavam 1820 unidades montadas e entregues para faturamento, percebíamos que o Diretor-presidente estava contente, mas ao mesmo tempo preocupado, mais tarde fomos saber, que ele dissera a matriz, que iríamos atingir a marca de 2000 unidades.

Estávamos em final de agosto, dia 31, as alterações implementadas na produção, os ajustes nos dispositivos de produção, a redução do tamanho dos lotes de produção, a nova técnica de beneficiar as engrenagens e a melhora no ânimo dos operários, se traduzira em uma montagem crescente em volume de unidades entregues ao almoxarifado.

A média de unidades montadas superava 150 unidades por dia, ou 1970 unidades em tese.

Assim, no dia 31 de agosto, a diretoria repetira o ato do início do mês anterior ao questionar se conseguiríamos atingir as 2000 unidades, eles foram direto para a área de montagem e testes, indagando sobre quantas unidades haviam sido montadas. A resposta veio através do sorriso do encarregado da montagem, o Edilberto, fecháramos no dia 31 de agosto com 2096 unidades montadas e testadas.

Recorde e pela primeira vez a HYDRO SPECIAL atingira o número projetado pela matriz.

A vitória fora de todos.

Estava na minha sala a analisar o gráfico de produção e preparar as informações para o relatório da produção para a Diretoria, quando eles adentraram. Agradeceram a dedicação, parabenizaram pelo resultado, mas perguntaram como seria o mês de setembro.

A mensagem que a pergunta trazia, indicava uma certa dúvida no que fora feito.

Teria sido sorte ou competência? Isso o próximo mês iria dizer.

A Mudança

Sorte ou competência

Entramos setembro com a produção e a linha de montagem no ritmo que havíamos definido. A filosofia na produção continuava a ser "Puxar a produção e não empurrar a produção", mas ainda tínhamos um longo caminho para estabilizar a produção e atender as demandas oriundas de nossos clientes.

Ainda aguardávamos recursos para automatizar a linha de engrenagens, os custos com as placas em bronze ainda eram altos, a ferramentaria aguardava uma nova fresa caracol para a abertura dos dentes das engrenagens, os novos computadores ainda não tinham chegado e ainda não tínhamos conseguido suprir as peças sobressalentes, ou seja, problemas tínhamos e muitos.

A Gerência de Materiais tinha por rotina acompanhar as solicitações de desenvolvimento a cada duas semanas, sempre com a participação de alguém do setor de Compras, do Controle de Qualidade e Engenharia.

Naquela quinzena, o foco era a fabricação de engrenagens fora das instalações da HYDRO SPECIAL, cuja ação havia sido solicitada ao Wiliam do Desenvolvimento de Fornecedor no mês anterior.

A cidade do Rio de Janeiro era deficiente em prestadores de serviços de usinagem para produção seriada, o Wiliam e o

A Mudança

inspetor do Controle de Qualidade haviam visitado muitas empresas, porém, não atendiam ao mínimo necessário da qualificação pretendida.

A solução apresentada na reunião fora fazer uma visita às instalações do Centro de Formação Ernesto Soares em Nilópolis, que conforme apurado, tinham recebido novos tornos CNC da Itália. Solução encaminhada e a cargo do Desenvolvimento de Fornecedor.

Desde então, o PCP atuava alinhado com a Produção, Compras e Vendas, tendo como ferramenta de trabalho o sistema SIVAE desenvolvido pelo Nakayama. O sistema trazia uma visão explodida de tudo que era necessário comprar e produzir, deduzindo o que já estava em produção e pronto no estoque.

A informação da entrada em estoque de componentes vindo da produção, atualizava a matriz de produtos a montar e, quando esta matriz era completada, emitia uma ordem de serviço de montagem, a qual poderia estar vinculado a uma venda já realizada ou a uma previsão de venda, sendo que neste caso, a bomba iria para estoque.

O Silvestre não conseguira modernizar os tornos, o orçamento não fora aprovado pela Diretoria, mas conseguira comprar uma nova fresa caracol revestida em titânio para abertura de dentes das engrenagens. A quantidade de peças usinadas entre afiações era 40% maior.

Agora dependíamos do Desenvolvimento de Fornecedor para aumentar a produção de engrenagens, através da produção marginal no Centro de Formação Ernesto Soares, caso fossem aprovados, poderíamos cumprir com a entrega de sobressalentes.

A linha de montagem já acumulara 1300 unidades no início da terceira semana de setembro, o faturamento aumentara e pelo segundo mês seguido, estávamos produzindo sem sobressaltos, muito se devera ao plano de manutenção preventiva das máquinas operatrizes.

Compras fechara a contratação do Centro de Formação Ernesto Soares, depois de receber o relatório de qualificação da empresa emitido pelo Desenvolvimento de Fornecedor e repassara a informação para o Gerson do PCP e o Nilton da Produção para programar a produção extraordinária de engrenagens, material e operador de torno.

Agora tínhamos duas linhas de engrenagens, aumentara complexidade da logística para levar e trazer engrenagens, além de administrar o deslocamento de 2 operadores de torno, mas o resultado esperado era compensador.

O setor de Compras com a sua política de estabelecer parcerias estratégicas com os principais fornecedores, conseguira reduzir os custos de aquisição de matéria prima, mantendo o padrão de qualidade especificada e com entregas no prazo e no volume esperado, implicando em uma redução de estoques.

A participação de todos era evidente, a Engenharia também ajudara em muito, pois, além de suportar o Desenvolvimento de Fornecedor, também ajudara na criação de componentes que denominávamos de semiacabados, ou seja, peças que estavam semiprontas em estoque, que através de uma única operação de acabamento se transformaria em um produto acabado, pronto para ser comercializado.

Final de setembro, havíamos resolvido o aumento da produção de engrenagens, a produção ocorrera sem sobressaltos, a

A Mudança

gestão de materiais mantivera a fábrica abastecida e a linha de montagem atingira 2210 unidades, realmente estávamos no caminho certo.

Nos meses que restavam para o final do ano, foram entregues em média 2100 unidades por mês, zerando o atraso nas entregas dos pedidos colocados, inclusive os pedidos de sobressalentes.

A pressão agora estava com o setor de Vendas.

O Legado

Final de novembro, quase entrando em dezembro, a Diretoria acabara de retornar da reunião anual com o CEO da matriz, onde apresentaram o resultado anual da HYDRO SPECIAL.

Segundo relataram, os nossos pares na matriz estavam interessados em saber detalhes da mudança feita na fábrica no Brasil.

A empresa começaria um novo ano tendo uma Gerência de Materiais que conseguira implantar um sistema de Gestão de Relacionamento com Fornecedores com sucesso, adotar a filosofia JUST IN TIME para os componentes estratégicos e críticos da produção, redução do custo de aquisição de matéria prima com a consequente redução do Custo Total de Propriedade (TCO – Total Cost of Ownership)

A mudança ocorrida no Planejamento e na Produção com a adoção da filosofia KANBAN de puxar a produção e não empurrar em conjunto com o KAIZEN, processo de melhoria contínua, ajudaram a empresa a conseguir atender aos seus clientes de modo satisfatório e gerando um resultado financeiro que agradara a matriz.

O apoio da Diretoria fora fundamental para a área de Desenvolvimento de Fornecedores, que contribuiu de forma

A Mudança

significativa na redução de custos, não só pelos novos fornecedores que desenvolvera, mas sobretudo pelas soluções tecnológicas trazidas, disponíveis no mercado e que foram incorporadas ao processo, o exemplo da cementação a gás diz tudo, além de outras ações de enorme importância para a HYDRO SPECIAL.

O processo de informatização virara não um pequeno sonho, mas uma grande realidade, através da disseminação de microcomputadores pelos setores e funcionários, fazendo com que as informações fossem mais precisas, rápidas, auxiliando no processo decisório.

Durante este período, houve erros, acertos, dúvidas, questionamentos, que fizeram as vezes pensar ser mais conservador e não mudar tanto, porém, nunca desistir ou esmorecer no que acreditávamos.

Ao final a satisfação de todo o grupo que atravessara os desafios postos pela mudança era incomensurável.

Ano novo que se inicia, a HYDRO SPECIAL assimilara as mudanças.

Anexo 1 – As cinco Forças de PORTER

Análise de mercado para fundidos da HYDRO SPECIAL

As cinco Forças de PORTER são assim definidas:

1. Rivalidade entre concorrentes;
2. Ameaça de novos entrantes;
3. Poder de barganha dos clientes;
4. Poder de barganha dos fornecedores;
5. Ameaça dos produtos substitutos.

As questões devem ser avaliadas qualitativamente, de acordo com a seguinte matriz:

Avaliação	Pontuação
MUITO ALTA	5
ALTA	4
MÉDIA	3
BAIXA	2
MUITO BAIXA	1
ZERO	0

A Mudança

Na análise de mercado para as peças em ferro fundido nodular GG-25 da HYDRO SPECIAL, foram desenvolvidas questões relativas a cada uma das 5 Forças, conforme abaixo:

i. Rivalidade entre concorrentes

Questões a considerar	Classificação	Pontos
Quantidade de concorrentes diretos	MUITO ALTA	5
Poder de mercado dos concorrentes diretos	MÉDIA	3
Perda de mercado para os concorrentes	MÉDIA	3
Existência de diferencial competitivo da sua empresa	ALTA	4
Custos de produção/prestação serviço	ALTA	4
Preço do seu produto/serviço no mercado	MÉDIA	3
Facilidade de alteração no espaço físico e adequação dos funcionários à mudanças rápidas	BAIXA	2

ii. Ameaça de Novos Entrantes

Questões a considerar	Classificação	Pontos
Quantidade de novas empresas que entram no mesmo mercado que a sua	MUITO ALTA	5
Perda de mercado da sua empresa para estas novas empresas	MUITO BAIXA	1
Grau com que as políticas governamentais afetam negativamente sua empresa	BAIXA	2
Existência de estratégias para diminuir os impactos de ameaças de novos entrantes	MUITO BAIXA	1
Grau de diferencial que estas empresas possuem em relação à sua empresa	ALTA	5

iii. Poder de barganha dos clientes/compradores.

Questões a considerar	Classificação	Pontos
Impacto da quantidade demandada pelo comprador em relação ao potencial do seu cliente/fornecedor	MÉDIA	3
Parcela significativa do faturamento total do fornecedor é oriundos de poucos clientes	BAIXA	2
Grau de poder de negociação destes poucos clientes	BAIXA	2
Existência de estratégias para amenizar os efeitos do poder de negociação destes clientes	BAIXA	2
Grau de informação dos seus clientes sobre o mercado	MUITO ALTA	5
Grau de importância dos produtos/serviços para os clientes	ALTA	4

iv. Poder de barganha dos fornecedores.

Questões a considerar	Classificação	Pontos
Dependência da sua empresa com um ou alguns fornecedores	MUITO ALTA	5
Possibilidade de substituir os produtos dos fornecedores	MÉDIA	3
Grau de importância da sua empresa para os fornecedores	MÉDIA	3
Existência de estratégias para amenizar os efeitos da dependência com os fornecedores	MÉDIA	3
Custos envolvidos em mudar de fornecedor	MUITO BAIXA	1
Grau de Procura de fornecedores de sua empresa	MUITO BAIXA	1

A Mudança

v. Ameaça dos produtos substitutos.

Questões a considerar	Classificação	Pontos
Existência da possibilidade de algum tipo de produto ou serviço poder realizar a mesma função que sua empresa realiza.	MÉDIA	3
Perda de vendas em decorrência de produtos substitutos.	MÉDIA	3
Existência de estratégias implementadas para competir com estes produtos/serviços.	MUITO BAIXA	1
Grau de desenvolvimento de produtos/serviços pela sua empresa diferentes dos já existentes.	MÉDIA	3
Chances desses novos produtos/serviços substitutos mudarem as preferências dos seus clientes.	MÉDIA	3

Cálculo da média de cada item tendo como referência o somatório de pontos dividido pelo número de questões levantadas em cada item.

Descrição	Questões	Somatório	Média
Rivalidade	7	24	3,49
Novos Entrantes	5	14	2,80
Poder de Barganha Comprador	6	18	3,00
Poder de Barganha Fornecedor	6	16	2,67
Produtos Substitutos	5	13	2,60

Gráfico representativo das cinco Forças de Porter para peças em ferro fundido para a HYDRO SPECIAL

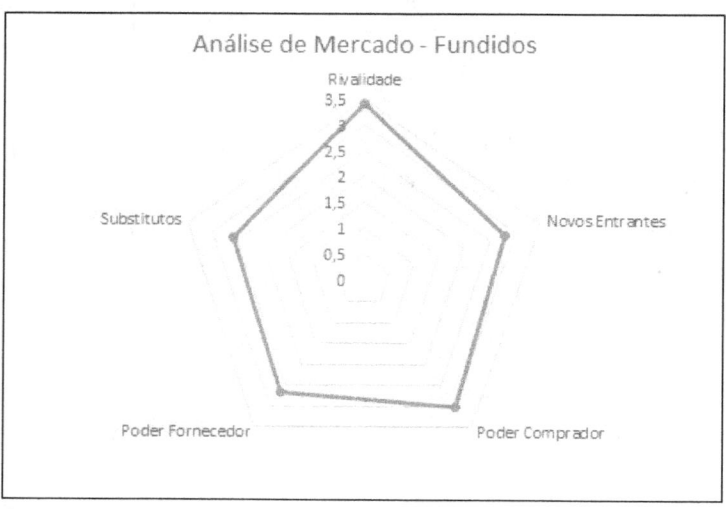

Figura 10- Força de Porter para peças fundidas

www.ingramcontent.com/pod-product-compliance
Lightning Source LLC
Chambersburg PA
CBHW070807220526
45466CB00002B/578